江南晨韵丛书

诗韵悠长

主编：黄燕明
副主编：田燕芳　王倩文

中山大学出版社
SUN YAT-SEN UNIVERSITY PRESS
·广州·

图书出版编目（CIP）数据

诗韵悠长/黄燕明主编. —广州：中山大学出版社，2014.8
ISBN 978-7-306-04797-7
Ⅰ. ①诗… Ⅱ. ①黄… Ⅲ. ①诗集—世界—中小学—课外读物
Ⅳ. ①G634.303

中国版本图书馆CIP数据核字(2014)第004258号

出 版 人：徐 劲
策划编辑：周建华 王 润
责任编辑：王 润
封面设计：林绵华
装帧设计：林绵华
责任校对：刘丽丽
责任技编：何雅涛
出版发行：中山大学出版社
电 话：编辑部 020-84111996,84113349,84111997,84110779
发行部 020-84111998,84111981,84111160
地 址：广州市新港西路135号
邮 编：510275 传 真：020-84036565
网 址：http://www.zsup.com.cn E-mail:zdcbs@mail.sysu.edu.cn
印 刷 者：广州家联印刷有限公司
规 格：880mm×1230mm 1/32 8印张 177千字
版次印次：2014年8月第1版 2014年8月第1次印刷
印 数：1～6000册 定 价：26.00元

编 委 会

主　编　黄燕明

副主编　田燕芳　王倩文

编　委　李文文　徐幸良　孙　俐　郑　萍

序

张婴音

中学生的阅读需要引导和培养。杭州江南实验学校的老师非常细心、用心，他们为学生的阅读指导做了许多努力，付出很多心血。在这里，要由衷地感谢江南实验学校的老师，同时，祝贺他们编辑精选的《文采菁华》、《诗韵悠长》两本课外读物顺利出版。

当我细细读完《文采菁华》、《诗韵悠长》所选的诗歌和散文，既欣喜又感动，仿佛回到了自己少年时代阅读文学作品的温馨时光。这些美妙的有深刻思想和富于想象力的文字曾经给我的心灵以启迪，这是文学的经典，是引导青少年走向真善美的桥梁。

《文采菁华》、《诗韵悠长》两本课外读本的出版，为我们广大中学生开阔了阅读的视野。这些精选出来的经典作品之所以历久弥新，是因为作品本身具有的无限魅力。成年人和少年们的阅读体验可能有些不一样，成年人有他们各自不同的人生独特感受，而青少年却能从中认识自然界和社会人生的丰富多样性，从而提高自己的生活情趣，成为一个健全发展的人。《文采菁华》所选散文的叙述特点是生动自然、感情真挚、思想闪光、文字纯朴，中外诗歌则朗朗上口、意蕴无穷。我在阅读中感觉自己就像踏上了一趟奇妙的旅程，因为这两本读物中，有的文章以前读过，有的却是今天才接触，这等于是给我补了一课，使我在阅读中得益匪浅。这说明，今天的青少年比我们那代人幸福得多，每个人都应该特别珍重。

我有一种感叹，现在在中学生的阅读中常见到“浅阅读”状态，对文学经典知之甚少，这确是一种值得注意的倾向。如何引发他们对文学作品的兴趣，我觉得首先需要家长、语文老师的重视，给予教育关怀和引导推荐，所以，《文采菁华》、《诗韵悠长》的出版应该是走出了重要的一步。

从事语文教学的朋友，希望改变目前学生的阅读现状，我作为一名教育工作者，也渴望能为学生的阅读推广多做一些努力。那么，我们能为青少年的深层次阅读提供怎样的空间？又该怎样鼓励他们去扩展自己的创造性思维和从小打好写作基础？作为家长与教师，我们是否应该更加在意青少年脑海里时常迸发的灵感？他们其实拥有许许多多充满了智慧的想法，需要我们去发现、去聆听、去珍惜。现在有了《文采菁华》、《诗韵悠长》两本经典读物，这是最好的教材，是课堂上教科书所难以达到的。如何让青少年喜欢阅读经典文学作品、喜欢写作，让他们的想象力张开翅膀去翱翔，这是非常重要的。若干年后，这些美好的曾经影响他们青少年时期的文学经典将永远在他们的记忆中闪光。

《文采菁华》、《诗韵悠长》集古今散文诗歌之精华，荟萃各有特色、五彩缤纷的作品，其中的佳作不胜枚举，希望中学生们通过自己的阅读，站在各不相同的角度，用自己独到的方式表达对自然和生活的认知，在阅读中开扩眼界，放飞心灵。

让我们和青少年一起在中外古今的经典作品海洋里遨游吧！

目　录

寻寻古诗源

诵诵长短句

读读现代诗

吹吹异域风

寻寻古诗源

一　采薇歌

《史记》记载："武王已平殷乱，天下宗周，伯夷叔齐耻之，义不食周粟。采薇首阳山，饿而死，作歌。"［（清）沈德潜：《古诗源》，中华书局 2008 年版］

登彼西山兮，采其薇矣。
以暴易暴兮，不知其非矣。
神农虞[①]夏忽焉没兮，我安适归矣？
于嗟[②]徂[③]兮，命之衰矣！

【注释】①虞（yú）。②嗟 jiē。③徂 cú。

二　越人歌

据刘向《说苑·善说》记载：春秋时代，楚王母弟鄂君子皙在河中游玩，钟鼓齐鸣。摇船者是位越人，趁乐声刚停，便抱双桨用越语唱了一支歌。鄂君子皙听不懂，叫人翻译成楚语。歌中唱出了越人船女对子皙的那种深沉真挚的爱恋之情，歌词声义双关，委婉动听。这是中国最早的译诗，也是古代楚越文化交融的结晶和见证。它对楚辞创作有着直接的影响作用。[（清）沈德潜：《古诗源》，中华书局 2008 年版]

今夕何夕兮，搴[1]舟中流。
今日何日兮，得与王子同舟。
蒙羞被[2]好兮，不訾[3]诟[4]耻。
心几烦而不绝兮，得知王子。
山有木兮木有枝，心悦君兮君不知。

【注释】①搴（qiān）：拔，取，这里指划船。②被：施加。③訾（zǐ）：诋毁，非议。④诟（gòu）：耻辱。

三 渡易水歌

《史记》记载，燕太子丹使荆轲[1]刺秦王。至于易水之上，既祖取道，高渐离击筑，荆轲和而歌，为变徵[2]之声，士皆垂泪涕泣[3]，又前而歌曰：

风萧萧兮易水寒，壮士一去兮不复还。

【注释】①荆轲（jīng kē）：战国末期卫国人，著名刺客，受燕太子丹之托入刺秦王，最后失败身亡。②徵（zhǐ）：五音（宫、商、角、徵、羽）之一。③涕泣（tì qì）：哭泣。

四　大风歌

《史记》记载：高祖既定天下，还过沛[1]。留置酒沛宫，悉召故人父老子弟佐酒，发沛中儿，得百二十人，教之歌。酒酣[2]，上击筑自歌曰：

大风起兮云飞扬，威加海内兮归故乡，安得猛士兮守四方！

【评注】沈德潜《古诗源》评论说，上言扫除群雄，未言守成也。时帝春秋高，韩彭已诛，而孝惠仁弱，人心未定，思猛士其有悔心乎？［（清）沈德潜：《古诗源》，中华书局2008年版］

【注释】①沛（pèi）：古地名。②酣（hān）：酒喝得很畅快。

五　垓下歌

《史记》记载：汉围项羽垓（gāi）下，夜闻汉军皆楚歌，（成语“四面楚歌”源于此）惊曰：“汉皆已得楚乎？”饮帐中。有美人虞[1]常从，骏马名骓[2]常骑之，乃悲歌慷慨，歌数阕[3]，美人和之。[（清）沈德潜：《古诗源》，中华书局2008年版]

力拔山兮气盖世。时不利兮骓不逝。

骓不逝兮可奈何！虞兮虞兮奈若何！

【评注】英雄末路的挽歌，“可奈何”、“奈若何”，声调呜咽缠绵。自古真英雄必非无情者。

【注释】①虞（yú）：姓氏。②骓（zhuī）：毛色青白相杂的马。③阕（què）：节。

六　君子于役

《诗经·国风·王风》

君子于役[1]，不知其期，曷[2]至[3]哉？鸡栖于埘[4]，日之夕矣，羊牛下来。君子于役，如之何勿思[5]！

君子于役，不日不月[6]，曷其有佸[7]？鸡栖于桀[8]，日之夕矣，羊牛下括[9]。君子于役，苟无饥渴！

【评注】《诗经》是中国最早的诗歌总集，收入自西周初年至春秋中叶五百多年的诗歌（公元前11世纪至公元前6世纪）又称《诗三百》。西汉时被尊为儒家经典，始称《诗经》，并沿用至今。关于《诗经》中诗的分类，有“四始六义”之说。“四始”指《国风》、《大雅》、《小雅》、《颂》的四篇列首位的诗。“六义”则指“风、雅、颂，赋、比、兴”。“风、雅、颂”是按音乐的不同对《诗经》的分类，“赋、比、兴”是《诗经》的表现手法。《诗经》多以四言为主，兼有杂言。《君子于役》是一首写妻子怀念远出服役的丈夫的诗。

【注释】①役：服劳役。②曷：何时。③至：归家。④埘（shí）：鸡舍，墙壁上挖洞做成。⑤如之何勿思：如何不思。⑥不日不月：没法用日月来计算时间。⑦有佸（yòu huó）：相会，来到。⑧桀（jié）：鸡栖木。⑨佸：来到。

七 桃夭

《诗经·周南》

桃之夭夭[①]，灼灼[②]其华。之子[③]于归[④]，宜其室家。

桃之夭夭，有蕡[⑤]其实。之子于归，宜其家室。

桃之夭夭，其叶蓁蓁[⑥]。之子于归，宜[⑦]其家人。

【评注】这首诗选自《国风·周南》，是女子出嫁时所演唱的诗歌。该诗唱出了女子出嫁时对婚姻生活的希望和憧憬。

【注释】①夭夭：桃花怒放的样子。 ②灼灼：花朵色彩鲜艳如火。 ③之子：这位姑娘。 ④于归：出嫁，古代把丈夫家看做女子的归宿，故称“归”。 ⑤蕡（fén）：肥大，果实将熟的样子，有蕡其实指的是它的果实十分繁盛。⑥蓁蓁（zhēn）：繁茂的样子。 ⑦宜：和顺、亲善。

八 风雨

《诗经·郑风》

风雨凄凄，鸡鸣喈喈[①]。既见君子，云胡不夷[②]？

风雨潇潇[③]，鸡鸣胶胶[④]。既见君子，云胡不瘳[⑤]？

风雨如晦[⑥]，鸡鸣不已[⑦]。既见君子，云胡不喜？

【注释】①喈（jiē）：象声词。②夷：这里指心情舒畅。③潇潇：又猛又急。④胶胶：鸡叫声。⑤瘳（chōu）：病好了 ⑥晦：夜晚，如晦是指昏暗得好像夜晚。⑦已：止。

九　子衿

《诗经·郑风》

这首诗写一个女子在城楼上等候他的恋人。全诗三章，采用倒叙手法。前两章以“我”的口气自述怀人。

青青子①衿②，悠悠③我心，纵我不往，子宁④不嗣⑤音？

青青子佩，悠悠我思，纵我不来，子宁不来？

挑兮达兮⑥，在城阙⑦兮，一日不见，如三月兮。

【注释】①子：男子的美称。②衿（jīn）：衣领。③悠悠：此指忧思深长不断。④宁：难道。⑤嗣（yí）：通“贻”，给、寄的意思。嗣音，传音讯。⑥挑（táo）兮达（tà）兮：跳跃往来的样子。⑦城阙：城门楼两旁的高台。

十　无衣

《诗经·秦风》

岂曰无衣？与子同袍。王于兴师[1]，修我戈矛，与子同仇！

岂曰无衣？与子同泽。王于兴师[2]，修我矛戟[3]，与子偕作[4]！

岂曰无衣？与子同裳。王于兴师，修我甲兵，与子偕行[5]！

【评注】《秦风·无衣》是《诗经》中最为著名的爱国主义诗篇，它是产生于秦地（今陕西中部和甘肃东南部）人民抗击西戎入侵者的军中战歌。在这种反侵略的战争中，秦国人民表现出英勇无畏的尚武精神，也创造了这首充满爱国主义激情的慷慨战歌。

【注释】①兴师：出兵。秦国常和西戎交兵。②王于兴师：犹言国家要出兵打仗。③戟：兵器名。古戟形似戈，具横直两锋。④作：起。⑤偕行：同行，指一块儿上战场。

十一　采葛

《诗经·王风》

彼采葛①兮，一日不见，如三月兮。
彼采萧②兮，一日不见，如三秋③兮。
彼采艾④兮，一日不见，如三岁兮。

【评注】本诗表现一种急切的相思情绪。

【注释】①葛：一种蔓生植物，块根可食，茎可制纤维。②萧：植物名。蒿的一种，即青蒿。有香气，古时用于祭祀。③三秋：通常一秋为一年，后又有专指秋三月的用法。这里三秋长于三月，短于三年，义同三季，九个月。④艾：植物名，菊科植物，可制艾条治病。

十二　秋风辞

帝（汉武帝）行幸河东，祠后土。顾视帝京，忻然中流。与群臣饮燕自做《秋风辞》。[（清）沈德潜：《古诗源》，中华书局2008年版]

秋风起兮白云飞，草木黄落兮雁南归。
兰①有秀②兮菊有芳③，怀佳人兮不能忘。
泛楼船④兮济汾河⑤，横中流兮扬素波。
箫鼓鸣兮发棹⑥歌，欢乐极兮哀情多。
少壮几时兮奈老何！

【评注】《离骚》遗响。文中子谓乐极哀来，其悔心之萌乎？鲁迅称此诗“缠绵流丽，虽词人不能过也”。

【注释】①兰、菊：比拟佳人。②秀：此指颜色。③芳：花的香气。④楼船：上面建造楼的大船。⑤汾河：起源于山西宁武，西南流至河津西南入黄河。⑥棹：船桨。这里代指船。

十三　歌一首

《汉书》记载：李延年性知音律，善歌舞，武帝爱之。延年起舞而歌云云，上叹息曰："世岂有此人乎！"平阳主因言延年有女弟，上召之，妙丽善舞，由是得幸。［（清）沈德潜：《古诗源》，中华书局2008年版］

北方有佳人，绝世而独立。一顾倾人城，再顾倾人国。宁不知倾城与倾国，佳人难再得！

十四　江南

江南可采莲，莲叶何田田。鱼戏莲叶间，鱼戏莲叶东，鱼戏莲叶西，鱼戏莲叶南，鱼戏莲叶北。

【评注】此诗为《相和歌辞·相和曲》之一，是采莲诗的鼻祖。主旨在写良辰美景，行乐得时。清人沈德潜评此诗为“奇格”（《古诗源》卷三）。张玉穀则认为此诗不写花而只写叶，意为叶尚且可爱，花更不待言。

十五　长歌行[1]

北宋文人郭茂倩（1041—1099）编纂的《乐府诗集》中的一首五言古诗，是劝诫世人惜时奋进的名篇。

青青园中葵[2]，朝露待日晞。
阳春布德泽，万物生光辉。
常恐秋节至，焜黄[3]华[4]叶衰[5]。
百川东到海，何时复西归？
少壮不努力，老大徒伤悲。

【注释】①长歌行：汉乐府曲调名。②葵：蔬菜名，当时我国古代重要蔬菜之一。有紫茎、白茎二种，以白茎为胜。大叶小花，花紫黄色，其最小者名鸭脚葵。其实大如指顶，皮薄而扁，实内子轻虚如榆荚仁。③焜黄（kūn）：形容草木凋落枯黄的样子。④华：同“花”。⑤衰：读“cuī”，古时候没有“shuāi”这个音。

十六　悲歌[1]

悲歌可以当泣，远望可以当归。
思念故乡，郁郁累累。
欲归家无人，欲渡河无船。
心思不能言，肠中车轮转。

【注释】①悲歌：选自《乐府集·杂曲歌辞》，汉代诗人佚名。

十七 行行重行行

《古诗十九首》

行行重行行，与君生别离[1]。
相去万余里，各在天一涯；
道路阻且长，会面安可知？
胡马[2]倚北风，越鸟[3]朝南枝。
相去日已远，衣带日已缓；
浮云蔽白日，游子不顾反[4]。
思君令人老[5]，岁月忽已晚。
弃捐[6]勿复道，努力加餐饭。

【注释】①生别离：是“生离死别”的意思。屈原《九歌·少司命》：“悲莫悲兮生别离。” ②胡马：北方所产的马。 ③越鸟：南方所产的鸟。“胡马倚北风，越鸟朝南枝”，是当时习用的比喻，借喻眷恋故乡的意思。 ④顾反：还返，回家。反：同“返”。 ⑤老，并非实指年龄，而指消瘦的体貌和忧伤的心情，是说心身憔悴，有似衰老而已。 ⑥弃捐：抛弃。

十八 迢迢牵牛星

《古诗十九首》

迢迢牵牛星，皎皎河汉女。
纤纤擢①素手，札札②弄机杼③。
终日不成章，泣涕零如雨。
河汉清且浅，相去复几许？
盈盈一水间，脉脉④不得语.

【注释】①擢（zhuó）：抽，拔，这里指织布。②札（zhá）：象声词。③杼（zhù）：织布机。④脉（mò）：凝视的样子。

十九 十五从军征

《乐府诗集》

十五从军征，八十始得归。
道逢乡里人：“家中有阿谁？”
“遥望是君家，松柏冢[①]累累[②]。”
兔从狗窦[③]入，雉[④]从梁上飞。
中庭生旅谷，井上生旅[⑤]葵。
舂[⑥]谷持作饭，采葵持作羹。
羹饭一时熟，不知贻[⑦]阿谁。
出门东向看，泪落沾我衣。

【注释】①冢（zhǒng）：坟墓。②累累：与“垒垒”通，形容丘坟一个连一个的样子。③狗窦（gǒu dòu）：给狗出入的墙洞。窦：洞穴。④雉（zhì）：野鸡。⑤旅：旅生，植物未经播种而野生。⑥舂（chōng）：把东西放在石臼或乳钵里捣掉皮壳或捣碎。⑦贻（yí）：送，赠送。

二十 短歌行

曹操

对酒当歌，人生几何？譬如朝露，去日苦多。慨当以慷，忧思难忘。

何以解忧？唯有杜康。青青子衿，悠悠我心。但为君故，沉吟至今。

呦呦鹿鸣，食野之苹。我有嘉宾，鼓瑟吹笙。明明如月，何时可掇？

忧从中来，不可断绝。越陌度阡，枉用相存。契阔谈宴，心念旧恩。

月明星稀，乌鹊南飞。绕树三匝，何枝可依。山不厌高，海不厌深。

周公吐哺，天下归心。

【评注】《短歌行》是汉乐府旧题，属于《相和歌辞·平调曲》。曹操《短歌行》共二首，其中第一首非常著名。此诗通过宴会的歌唱，以沉稳顿挫的笔调抒写了诗人求贤似渴的思想和统一天下的雄心壮志。全诗内容深厚，庄重典雅，感情充沛，为曹操的代表作之一。

二十一　野田黄雀行[1]

曹植

高树多悲风[2]，海水扬其波。利剑不在掌，结友何须多？

不见篱间雀，见鹞[3]自投罗[4]？罗家得雀喜，少年见雀悲。

拔剑捎[5]罗网，黄雀得飞飞。飞飞摩苍天[6]，来下谢少年。

【注释】①野田黄雀行：是《乐府诗集》收于《相和歌·瑟调曲》，是曹植后期的作品。②悲风：凄厉的寒风。③鹞（yào）：一种非常凶狠的鸟类，鹰的一种，似鹰而小。④罗：捕鸟用的网。⑤捎（xiāo）：挥击；削破；除去。⑥摩：接近、迫近。“摩苍天”是形容黄雀飞得很高。

二十二 白马篇

曹植

白马饰金羁。连翩西北驰。借问谁家子。幽并[1]游侠儿。少小去乡邑。扬声沙漠垂。宿昔秉良弓。楛[2]矢何参差。控弦[3]破左的[4]。右发摧月支[5]。仰手接飞猱[6]。俯身散[7]马蹄[8]。狡捷过猴猿。勇剽[9]若豹螭[10]。边城多警急。胡虏数迁移。羽檄[11]从北来。厉马登高堤。长驱蹈匈奴。左顾陵鲜卑。弃身锋刃端。性命安可怀[12]。父母且不顾。何言子与妻。名编壮士籍。不得中顾私。捐躯赴国难。视死忽如归。

【评注】本篇是《杂曲歌·齐瑟行》歌辞，又作《游侠篇》，因其所写的是边塞游侠的忠勇。作者平素也有“捐軀赴难，视死如归”的抱负和从军出塞的经验，写游侠也可能是自况。

【注释】①幽并：两州名，就是今河北省、山西省和陕西省的一部分地方，是古来出勇侠人物较多的区域。②楛：木名，茎可以做箭杆。③控弦：拉弓。④左的：左方的射击目标。⑤月支：射帖（箭靶之类）的名称，又名素支。⑥猱：动物名，猿类，体矮小，尾作金色，攀缘树木极其轻捷，上下如飞。⑦散：碎裂、摧毁。⑧马蹄：也是射帖名。⑨剽：轻快。⑩螭（chī）：传说中的动物名，如龙而黄。⑪檄：用于征召的文书，写在一尺二寸长的木简上。上插羽毛表示紧急就叫作“羽檄”。⑫怀：犹“惜”。

二十三　归园田居（其一）

陶渊明

少无适俗韵[①]，性本爱丘山。
误落尘网[②]中，一去三十年。
羁鸟恋旧林，池鱼思故渊。[③]
开荒南野际，守拙归园田。
方宅十馀亩，草屋八九间。
榆柳荫后檐，桃李罗堂前。
暧暧[④]远人村，依依墟里[⑤]烟。
狗吠深巷中，鸡鸣桑树颠。
户庭无尘杂，虚室有馀闲。
久在樊笼[⑥]里，复得返自然。[⑦]

【注释】①适俗：适应世俗。韵：情调、风度。②尘网：官府生活污浊而又拘束，犹如网罗。这里指仕途、官场。③羁（jī）鸟：笼中之鸟。池鱼：池塘之鱼。鸟恋旧林、鱼思故渊，借喻自己怀恋旧居。④暧暧（ài）：暗淡的样子。⑤依依：轻柔的样子。墟里：村落。⑥樊：栅栏。樊笼：蓄鸟工具，这里比喻仕途、官场。返自然：指归耕园田。这两句是说自己像笼中的鸟一样，重返大自然，获得自由。

二十四　读山海经（其一）

陶渊明

孟夏[①]草木长，绕屋树扶疏[②]。众鸟欣有托，吾亦爱吾庐。[③]

既耕亦已种，时还读我书。穷巷[④]隔[⑤]深辙[⑥]，颇回故人车。

欢然酌春酒，摘我园中蔬。微雨从东来，好风与之俱。

泛览周王传[⑦]，流观山海图。俯仰终宇宙[⑧]，不乐复何如。

【评注】《读山海经》为组词，共十三首，写读《山海经》和《穆天子传》时的奇思异想及对人生和政治的感慨，此为第一首，写耕余读书之乐。《山海经》，一部记述古代山川异物、神话传说的书。

【注释】①孟夏：初夏。②扶疏：枝叶繁茂貌。③“众鸟”句：言众鸟因有树可依而欣喜。④穷巷：陋巷。⑤隔：隔绝。⑥深辙：大车所轧之痕迹，此代指贵者所乘之车。⑦周王传：指《穆天子传》，写有关周穆王的传说。⑧“俯仰”句：顷刻间遍游宇宙。俯仰：俯仰之间，指时间短暂。沈德潜《古诗源》评：观物观我，纯乎元气。

二十五 读山海经（其十）

陶渊明

精卫[1]衔微木，将以填沧海。刑天[2]舞干戚[3]，猛志固常在。

同物既无虑，化去不复悔。徒设在昔心，良辰讵可待！

【注释】①精卫：古代神话中的鸟名。②刑天：神话人物，炎帝近臣，与天帝争权，不敌，被斩下了头颅，埋在常羊山里。不甘屈服，以两乳为眼，把肚脐当作嘴巴，仍挥舞盾牌和板斧战斗不止。③干戚（qī）：干，盾牌（风神盾）；戚，大斧。

二十六 责子[1]

陶渊明

白发被[2]两鬓，肌肤不复实。
虽有五男儿，总不好纸笔。
阿舒已二八，懒惰故无匹。
阿宣行志学，而不爱文术。
雍端年十三，不识六与七。
通子垂九龄，但觅梨与栗。
天运苟如此，且进杯中物。

【评注】陶渊明（约365—427），东晋浔阳柴桑人（今九江市人）。名陶潜，字元亮，号五柳先生，谥号靖节先生，入刘宋后改名潜。东晋末期南朝宋初期诗人、文学家、辞赋家、散文家。曾做过几年小官，后辞官回家，从此隐居，被称为“平淡之宗”，是田园诗派的开创者。田园生活是陶渊明诗的主要题材，相关作品有《饮酒》、《归园田居》、《桃花源记》、《五柳先生传》、《归去来兮辞》、《桃花源诗》等。

【注释】①责子：对儿子的批评责备。黄庭坚认为诗的语句诙谐，作者不是板着面孔在教训，而是出以戏谑之笔，又显出一种慈祥、爱怜的神情。②“被”：覆盖。

二十七　从军行[1]

杨炯

烽火[2]照西京，心中自不平。
牙璋[3]辞凤阙[4]，铁骑绕龙城[5]。
雪暗凋旗画，风多杂鼓声。
宁为百夫长[6]，胜作一书生。

【评注】杨炯（650—692），汉族，弘农华阴（今属陕西）人，排行第七，唐朝诗人。初唐四杰之一。杨炯与王勃、卢照邻、骆宾王齐名，并称初唐四杰。

【注释】①从军行：为乐府《相和歌·平调曲》旧题，多写军旅生活。②烽火：古代边防告急的烟火。③牙璋(zhāng)：古代发兵所用之兵符，分为两块，相合处呈牙状，朝廷和主帅各执其半。指代奉命出征的将帅。④凤阙(què)：阙名。汉建章宫的圆阙上有金凤，故以凤阙指皇宫。⑤龙城：又称龙庭，在今蒙古国鄂尔浑河的东岸。汉时匈奴的要地。汉武帝派卫青出击匈奴，曾在此获胜。这里指塞外敌方据点。⑥百夫长（zhǎng）：一百个士兵的头目，泛指下级军官。

二十八 登幽州台歌

陈子昂

前不见古人，
后不见来者。
念天地之悠悠，
独怆然①而涕下。

【评注】陈子昂（661—702），字伯玉，梓州射洪（今四川射洪）人。唐代诗人。陈子昂针对六朝及唐初文风的绮靡华艳，力倡汉魏风骨，其复古主张对李白、杜甫有重要影响，对唐代文学健康发展有着重要的贡献。诗人在人生不遇、吊古伤今的情结中超脱出来，将思路引入纯粹的宇宙时空，使这一主题表现具有了极大的抽象性与概括力。因而此诗不仅在当时引起士人心理的强烈共鸣，而且形成千百年来困踬仕途者“于登高时，每有古今茫茫之感，古人先已言之”的共同感受。

【注释】①怆（chuàng）然：悲伤、凄恻的样子。

二十九　代悲白头翁①

刘希夷

洛阳城东桃李花，飞来飞去落谁家？
洛阳女儿惜颜色，坐见落花长叹息。
今年花落颜色改，明年花开复谁在？
已见松柏摧为薪，更闻桑田变成海。
古人无复洛城东，今人还对落花风。
年年岁岁花相似，岁岁年年人不同。
寄言全盛红颜子，应怜半死白头翁。
此翁白头真可怜，伊昔红颜美少年。
公子王孙芳树下，清歌妙舞落花前。
光禄②池台文锦绣③，将军④楼阁画神仙。
一朝卧病无相识，三春行乐在谁边？
宛转蛾眉⑤能几时？须臾鹤发乱如丝。
但看古来歌舞地，唯有黄昏鸟雀悲。

【评注】刘希夷，唐代诗人。一名庭芝，字延之，汝州（今河南临汝）人。《代悲白头翁》有“年年岁岁花相似，岁岁年年人不同”句，相传其舅宋之问欲据为己有，希夷不允，之问竟遣人用土囊将他压死。

【注释】①白头翁：白发老人。这是一首拟古乐府。《白头吟》是汉乐府《相和歌·楚调曲》旧题。②光禄：光禄勋。用东汉马援之子马防的典故。《后汉书·马援传》载：

马防在汉章帝时拜光禄勋，生活很奢侈。③文锦绣：指以锦绣装饰池台中物。④将军：指东汉贵戚梁冀，他曾为大将军。《后汉书·梁冀传》载：梁冀大兴土木，建造府宅。⑤宛转蛾眉：本为年轻女子的面部画妆，此代指青春年华。

三十　春江花月夜

张若虚

春江潮水连海平，海上明月共潮生。
滟滟[1]随波千万里，何处春江无月明？
江流宛转绕芳甸[2]，月照花林皆似霰[3]。
空里流霜[4]不觉飞，汀[5]上白沙看不见。
江天一色无纤尘，皎皎空中孤月轮。
江畔何人初见月？江月何年初照人？
人生代代无穷已，江月年年只相似。
不知江月待何人，但见长江送流水。
白云一片去悠悠，青枫浦上不胜愁。
谁家今夜扁舟子？何处相思明月楼？
可怜楼上月徘徊，应照离人妆镜台。
玉户帘中卷不去，捣衣砧上拂还来。
此时相望不相闻，愿逐月华流照君。
鸿雁长飞光不度，鱼龙潜跃水成文[6]。
昨夜闲潭梦落花，可怜春半不还家。
江水流春去欲尽，江潭落月复西斜。
斜月沉沉藏海雾，碣石[7]潇湘无限路。
不知乘月几人归？落月摇情满江树。

【评注】张若虚（约660—约720），唐代诗人。扬州（今属江苏）人。曾任兖州兵曹。生卒年、字号均不详。事迹略见于《旧唐书·贺知章传》。与贺知章、张旭、包融齐名，号“吴中四士”。流传诗仅存两首:《春江花月夜》、《代答闺梦还》。诗篇意境空明，缠绵悱恻，洗净了六朝宫体的浓脂腻粉，词清语丽，韵调优美，脍炙人口，乃千古绝唱，有“以孤篇压倒全唐”之誉，闻一多称之为“诗中的诗，顶峰上的顶峰”。

【注释】①滟（yàn）滟：波光闪动的光彩。②芳甸（diàn）：遍生花草的原野。③霰（xiàn）：天空中降落的白色不透明的小冰粒。④流霜：飞霜，古人以为霜和雪一样，是从空中落下来的，所以叫流霜。在这里比喻月光皎洁，月色朦胧、流荡，所以不觉得有霜霰飞扬。⑤汀（tīng）：水边的平地。⑥文：同“纹”。⑦碣（jié）石、潇湘，泛指天南地北。

三十一 望月怀远

张九龄

海上生明月，天涯共此时。
情人怨遥夜，竟夕起相思。
灭烛怜光满，披衣觉露滋。
不堪盈手赠，还寝梦佳期。

【评注】张九龄（678—740），又名博物，字子寿，韶州曲江（今广东省韶关市）人，唐代有名的贤相；举止优雅、风度不凡。自张九龄去世后，唐玄宗对宰相推荐之士，总要问“风度得如九龄否？”因此一直为后世人所崇敬仰慕。张九龄诗歌成就颇高，独具“雅正冲淡”的神韵，写出了不少留存后世的名诗，并对岭南诗派的开创起了启迪作用。九龄才思敏捷，文章高雅，诗意超群，其《感遇》、《望月怀远》等更为千古传颂之诗。有《曲江集》20卷传世。张九龄的诗早年词采清丽，情致深婉，为诗坛前辈张说所激赏。被贬后风格转趋朴素遒劲，是一个伟大的诗人。

三十二　采莲曲 其二

王昌龄

荷叶罗裙一色裁，芙蓉向脸两边开。
乱入池中看不见，闻歌始觉有人来。

【评注】王昌龄（约690—约756），字少伯，山西太原人。盛唐著名边塞诗人，后人誉为“七绝圣手”。早年贫贱，困于农耕，年近不惑，始中进士。其诗以七绝见长，尤以登第之前赴西北边塞所作边塞诗最著，有“诗家夫子王江宁”之誉。这首诗与南朝乐府《采莲曲》中的少女的描写，手法不同，性格有异。手法的差别是南朝手法采用白描，王诗用映衬手法，性格差别使王诗更加精巧活泼。

三十三　山居秋暝①

王维

空山新雨后，天气晚来秋。
明月松间照，清泉石上流。
竹喧归浣女②，莲动下渔舟。
随意春芳歇③，王孙④自可留。

【评注】王维（701—761），字摩诘，盛唐时期的著名诗人，官至尚书右丞，原籍祁（今山西祁县），崇信佛教，晚年居于蓝田辋川别墅。善画人物、丛竹、山水。苏轼评价说“味摩诘之诗，诗中有画；观摩诘之画，画中有诗”。他是唐代山水田园派的代表。开元进士。其诗、画成就都很高，尤以山水诗成就为最，与孟浩然合称“王孟”，晚年无心仕途，专诚奉佛，故后世人称其为“诗佛”。

【注释】①暝：夜，晚。此指傍晚。②浣（huàn）女：洗衣服的姑娘。③春芳歇：春天的芳华凋谢了。歇：消散。④王孙：原指贵族子弟，后来也泛指隐居的人，此处指诗人自己。

三十四　将进酒[①]

李白

君不见黄河之水天上来，奔流到海不复回。
君不见高堂明镜悲白发，朝如青丝暮成雪。
人生得意须尽欢，莫使金樽[②]空对月。
天生我材必有用，千金散尽还复来。
烹羊宰牛且为乐，会须一饮三百杯。
岑[③]夫子、丹丘生：将进酒，杯莫停。
与君歌一曲，请君为我倾耳听。
钟鼓馔[④]玉不足贵，但愿长醉不复醒。
古来圣贤皆寂寞，惟有饮者留其名。
陈王昔时宴平乐，斗酒十千恣[⑤]欢谑[⑥]。
主人何为言少钱，径须沽取对君酌。
五花马，千金裘[⑦]，呼儿将出换美酒，与尔同销万古愁。

【评注】李白(701—762)，字太白，号青莲居士，唐代伟大的浪漫主义诗人。其诗风雄奇豪放，想象丰富，语言流转自然，音律和谐多变。他善于从民歌、神话中汲取营养和素材，构成其特有的瑰丽绚烂的色彩，是屈原以来积极浪漫主义诗歌的新高峰。与杜甫并称“李杜”。这首诗大约作于天宝十一年（752）。距诗人被唐玄宗“赐金放还”已达八年之久。当时，他跟岑勋曾多次应邀到嵩山元丹丘家里做客。

【注释】①将进酒：属汉乐府旧题。将（qiāng）：愿，请。②樽：zūn。③岑：cén。④馔：zhuàn。⑤恣（zì）：放纵，无拘无束。⑥谑（xuè）：玩笑。⑦裘：qiú。

三十五　月下独酌（之一）

李白

花间一壶酒，独酌[1]无相亲。
举杯邀明月，对影成三人。
月既[2]不解饮[3]，影徒[4]随我身。
暂伴月将[5]影，行乐须及春[6]。
我歌月徘徊，我舞影零乱。
醒时同交欢[7]，醉后各分散。
永结无情游[8]，相期邈云汉[9]。

【评注】本诗写诗人由政治失意而产生的一种孤寂忧愁的情怀。诗中把寂寞的环境渲染得十分热闹，不仅笔墨传神，更重要的是表达了诗人善于排遣寂寞的旷达不羁的个性和情感。

【注释】①酌：饮酒。独酌：一个人饮酒。②既：且。③不解饮：不会喝酒。④徒：徒然，白白的。徒：空。⑤将：和。⑥及春：趁着春光明媚之时。⑦交欢：一起欢乐。⑧无情游：忘情游，摆脱世俗，不计得失利害的交往。⑨相期邈（miǎo）云汉：约定在天上相见；期：约定；邈：高远；云汉：天河，泛指天空。

三十六　登高

杜甫

风急天高猿啸哀，渚[1]清沙白鸟飞回[2]。
无边落木萧萧下，不尽长江滚滚来。
万里悲秋常作客，百年[3]多病独登台。
艰难苦恨繁霜鬓，潦倒[4]新停[5]浊酒杯。

【评注】杜甫（712—770），字子美，自号少陵野老，世称“杜工部”、“杜老”、“杜少陵”等。汉族，巩县（今河南巩义）人。盛唐时期伟大的现实主义诗人。他忧国忧民，人格高尚，他的1400余首诗被保留了下来，诗艺精湛，在中国古典诗歌中的影响非常深远，备受推崇。759—766年间曾居成都，后世有杜甫草堂纪念之。杜甫被世人尊为“诗圣”,其诗被称为“诗史”。这首诗作于唐代宗大历二年(767)秋，诗人在夔州，逢重阳节，登高临眺，萧瑟的秋景激起了身世飘零的感慨。前四句写景，后四句抒情，但其实情景是融于一体的。

【注释】①渚：水中的小洲。②回：回旋。③百年：犹言一生。④潦倒：犹言困顿，衰颓。⑤新停：这时杜甫正因病戒酒。

三十七　蜀相[1]

杜甫

丞相祠堂何处寻？锦官城外柏森森。
映阶碧草自春色，隔叶黄鹂空好音。
三顾频烦天下计，两朝开[2]济[3]老臣心。
出师未捷身先死，长使英雄泪满襟[4]。

【评注】《蜀相》是唐代伟大诗人杜甫定居成都草堂后、翌年游览武侯祠时创作的一首咏史诗。此诗借游览古迹，表达了诗人对蜀汉丞相诸葛亮雄才大略、辅佐两朝、忠心报国的称颂以及对他出师未捷而身死的惋惜之情。诗中既有尊蜀正统的观念，又有才困时艰的感慨，字里行间寄寓感物思人的情怀。

【注释】①蜀相：三国蜀汉丞相，指诸葛亮（孔明）。诗题下有注：诸葛亮祠在昭烈庙西。②开：开创。③济：扶助。④襟：jīn。

三十八　水槛[1]遣心（之一）

杜甫

去郭轩楹敞[2]，无村眺望赊[3]。
澄江平少岸，幽树晚多花。
细雨鱼儿出，微风燕子斜。
城中十万户，此地两三家。

【评注】《水槛遣心二首》，大约作于公元761年（唐肃宗上元二年）。杜甫定居草堂后，经过他的一番经营，草堂园亩扩展了，树木栽多了。水亭旁，还添了专供垂钓、眺望的水槛。诗人经过了长期颠沛流离的生活以后，现在得到了安身的处所，面对着绮丽的风光，情不自禁地写下了一些歌咏自然景物的小诗。

【注释】①水槛（jiàn）：指水亭之槛，可以凭槛眺望，舒畅身心。②去郭轩楹敞：远离城郭。轩楹：指草堂的建筑物。轩：长廊；楹：柱子。敞：开朗。③无村眺望赊：因附近无村庄遮蔽，故可远望。赊：长，远。

三十九　旅夜书怀

杜甫

细草微风岸，危樯[1]独夜舟。
星垂平野阔[2]，月涌大江流。
名岂文章著，官应老病休。
飘飘何所似？天地一沙鸥。

【评注】《旅夜书怀》是唐代著名诗人杜甫于765年离开四川成都草堂以后在旅途中所作。这首诗深刻地表现了作者内心飘泊无依的感伤，是杜甫诗歌中的经典作品。

【注释】①危樯（qiáng，通“墙”）：高竖的桅杆。危：高。樯：船上挂风帆的桅杆。②星垂平野阔：星空低垂，原野显得格外广阔。

四十 题都城南庄

崔护

去年今日此门中，人面桃花相映红。
人面不知何处去，桃花依旧笑春风。

【评注】崔护考进士未中，清明节独游长安城郊南庄，走到一处桃花盛开的农家门前，一位秀美的姑娘出来热情接待了他，彼此留下了难忘的印象。第二年清明节再来时，院门紧闭，姑娘不知何处去，只有桃花依旧迎着春风盛开，情态增人惆怅，因此，写下了此诗。崔护（？—831），字殷功，唐代博陵（今河北定县）人。贞元十二年（796）时登第（即进士及第）。其诗诗风精练婉丽，语极清新。《全唐诗》存诗六首，皆是佳作，尤以《题都城南庄》流传最广，脍炙人口，有目共赏。

四十一　问刘十九[①]

白居易

绿蚁[②]新醅[③]酒，红泥小火炉。
晚来天欲雪[④]，能饮一杯无[⑤]？

【评注】白居易（772—846），字乐天，号香山居士，是一位伟大的现实主义诗人。他的诗歌题材广泛，形式多样，语言平易通俗。《问刘十九》描写诗人在一个风雪飘飞的傍晚邀请朋友前来喝酒，共叙衷肠的情景。诗以如叙家常的语气，朴素亲切的语言，通过写对把酒共饮的渴望，体现了朋友间诚恳亲密的关系。

【注释】①刘十九：白居易留下的诗作中，提到刘十九的不多，仅两首。但提到刘二十八、二十八使君的，就很多了。刘二十八就是刘禹锡。刘十九乃其堂兄刘禹铜，系洛阳一富商，与白居易常有应酬。②绿蚁：指浮在新酿的没有过滤的米酒上的绿色泡沫。③醅（pēi）：酿造。④雪：下雪，这里作动词用。⑤无：表示疑问的语气词，相当于“么”或“吗”。

四十二　夜雨寄北

李商隐

君问归期未有期，巴山①夜雨涨秋池。
何当②共剪西窗烛，却③话巴山夜雨时。

【评注】李商隐（约 813—约 858），字义山，号玉溪生，怀州河内人。这首诗是寄给妻子（或友人）的。当时诗人在巴蜀，妻子（或友人）在长安，所以说“寄北”。在下雨的夜晚，诗人独自一人在外乘凉不由地想念家中的妻子（或友人）和与妻子（或友人）共同修剪烛芯的情形。

【注释】①巴山：泛指巴蜀之地。②何当：何时能够。③却：还，再。

四十三　无题[1]

李商隐

相见时难别亦难，东风无力百花残。
春蚕到死丝方尽[2]，蜡炬成灰泪始干。
晓镜[3]但愁云鬓[4]改，夜吟应觉月光寒。
蓬山[5]此去无多路，青鸟[6]殷勤为探看。

【注释】①无题：唐代以来，有的诗人别有寄托，不愿或不便表明作品的题目，常用“无题”作诗的标题。“无题”诗意指隐晦，一般难以准确解释。②丝方尽：丝，与“思”是谐音字，“丝方尽”意思是除非死了，思念才会结束。③晓镜：早晨梳妆照镜子。④云鬓：女子多而美的头发，这里比喻青春年华。⑤蓬山：蓬莱山，传说中的蓬莱仙山，比喻被怀念者住的地方。《列子·汤问》：“渤海之东有五山，五曰蓬莱。”⑥青鸟：传说中西王母的神鸟。神话中为西王母传递音讯的信使，这里指传递信息的人。《汉武故事》：“七月七日，忽有青鸟飞集殿前。东方朔曰：‘此西王母欲来。’有顷，王母至，三青鸟侠侍王母旁。”

四十四　锦瑟

李商隐

锦瑟无端五十弦，一弦一柱思华年。[1]
庄生晓梦迷蝴蝶[2]，望帝春心托杜鹃[3]。
沧海月明珠有泪[4]，蓝田日暖玉生烟[5]。
此情可待成追忆，只是当时已惘然。

【注释】①锦瑟无端五十弦，一弦一柱思华年：《汉书·郊祀志上》："秦帝使素女鼓五十弦瑟，悲，帝禁不止，故破其瑟为二十五弦。"古瑟大小不等，弦数亦不同。无端：没来由，无缘无故。此隐隐有悲伤之感，乃全诗之情感基调。②庄生晓梦迷蝴蝶：《庄子·齐物论》："庄周梦为蝴蝶，栩栩然蝴蝶也；自喻适志与！不知周也。俄然觉，则蘧蘧然周也。不知周之梦为蝴蝶与？蝴蝶之梦为周与。"商隐此引庄周梦蝶故事，以言人生如梦，往事如烟之意。③望帝春心托杜鹃：《成都记》："望帝死，其魂化为鸟，名曰杜鹃，亦曰子规。"传说蜀国的杜宇帝因水灾让位于自己的臣子，而自己则隐归山林，死后化为杜鹃日夜悲鸣直至啼出血来。④沧海月明珠有泪：《博物志》："南海外有鲛人，水居如鱼，不废绩织，其眼泣则能出珠。"⑤蓝田日暖玉生烟：陆机《文赋》："石韫玉而山辉，水怀珠而川媚。"《困学纪闻》卷十八：司空表圣云："戴容州谓诗家之景，如蓝田日暖，良玉生烟，可望而不可置于眉睫之前也。李义山玉生烟之句盖本于此。"

四十五　过华清宫绝句（其一）

杜牧

长安回望绣成堆，山顶千门次第开。
一骑[1]红尘妃子笑，无人知是荔枝来。

【评注】杜牧，字牧之，晚唐著名诗人，京兆万年（今陕西西安）人。工诗、赋、古文。诗学杜甫而有独创，骨气豪宕，风神俊朗，尤擅七律七绝，为晚唐大家。也擅长创作咏史绝句。《过华清宫》便是他脍炙人口的代表作之一。与同时代的李商隐齐名，并称为“小李杜”。

【注释】①骑（jì）：骑兵。

四十六　寄扬州韩绰判官

杜牧

青山隐隐水迢迢，秋尽江南草未凋。
二十四桥明月夜，玉人何处教吹箫。

【评注】此诗是杜牧离开扬州以后，在江南怀念昔日同僚韩绰判官而作。唐代的扬州，是长江中下游的都会，店肆林立，商贾如云，酒楼舞榭，比比皆是，“每重城向夕，倡楼之上，常有绛纱灯数万，辉罗耀列空中，九里三十步街中，珠翠填咽，邈若仙境”（《太平广记》卷273引《唐阙文》）。

四十七 赠别

杜牧

娉[1]娉袅[2]袅十三余，
豆蔻[3]梢头二月初。
春风十里扬州路，
卷上珠帘总不如。

【注释】①娉（pīng）：娉婷，姿态美好的样子。②袅（niǎo）：体态柔美的样子。③蔻（kòu）：豆蔻，妙龄少女。

四十八 〔越调〕天净沙·四季风景图

白朴

春

春山暖日和风，阑干楼阁帘栊[1]，杨柳秋千院中。啼莺舞燕，小桥流水飞红。

夏

云收雨过波添，楼高水冷瓜甜，绿树阴垂画檐。纱厨藤簟[2]，玉人罗扇轻缣[3]。

秋

孤村落日残霞，轻烟老树寒鸦，一点飞鸿影下。青山绿水，白草红叶黄花。

冬

一声画角谯[4]门，丰庭新月黄昏，雪里山前水滨。竹篱茅舍，淡烟衰草孤村。

【评注】白朴（1226—？）原名恒，字仁甫，后改名朴，字太素，号兰谷。汉族，终身未仕。他是元代著名的文学家、曲作家、杂剧家，与关汉卿、马致远、郑光祖合称为元曲四大家。代表作主要有《唐明皇秋夜梧桐雨》、《裴少俊墙头马上》、《董月英花月东墙记》等。

【注释】①栊:lóng。②簟:diàn。③缣:jiān。④谯:qiào。

四十九 〔中吕〕卖花声·怀古

张可久

美人自刎乌江岸，战火曾烧赤壁山，将军空老玉门关。伤心秦汉，生民涂炭，读书人一声长叹！

【评注】张可久（约1270—1348以后）字小山，庆元（治所在今浙江宁波鄞县）人，元朝重要散曲家，剧作家，与乔吉并称“双璧”，与张养浩合为“二张”。

五十　闻临船吹笛

杨基

江空月寒露华白，何人船头夜吹笛。
参差楚调转吴音，定是江南远行客。
江南万里不归家，笛里分明说鬓华。
已分①折残堤上柳，莫教吹落陇头花！

【评注】杨基（1326—？）元末明初诗人。字孟载，号眉庵。原籍嘉州（今四川乐山），生长于吴中（今江苏苏州），明初十才子之一。杨发之后，杨枢之孙，杨元德之子。元末，曾入张士诚幕府，为丞相府记室，后辞去。明初为荥阳知县，累官至山西按察使，后被谗夺官，罚服劳役。死于工所。

杨基诗风清俊纤巧，其中五言律诗《岳阳楼》境界开阔，时人称杨基为“五言射雕手”。少时曾著《论鉴》十万余言。又于杨维桢席上赋《铁笛》诗，当时维桢已成名流，对杨基诗倍加称赏，于是扬名吴中，与高启、张羽、徐贲为诗友，时人称为“吴中四杰”。

【注释】①分：料，料想。

诵诵长短句

一　蝶恋花

晏殊

槛[1]菊愁烟兰泣露，罗幕轻寒，燕子双飞去。明月不谙[2]离别苦，斜光到晓穿朱户。　昨夜西风凋碧树，独上高楼，望尽天涯路。欲寄彩笺[3]兼尺素[4]，山长水阔知何处。

【注释】①槛（jiàn）：栏杆。②谙（ān）：熟识，熟悉。③笺（jiān）：书信。④尺素：书信。

二　凤栖梧

柳永

伫[1]倚危楼[2]风细细，望极春愁，黯黯[3]生天际。草色烟光残照里，无言谁会凭阑[4]意。　拟把疏狂图一醉，对酒当歌，强乐还无味。衣带渐宽终不悔，为伊消得人憔悴。

【注释】①伫（zhù）：久立。②危楼：高楼。③黯黯：心情沮丧的样子。④阑（lán）：栏杆。

三　青玉案·元夕

欧阳修

东风夜放花千树，更吹落，星如雨。宝马雕车香满路。凤箫声动，玉壶①光转，一夜鱼龙舞。　蛾儿雪柳黄金缕，笑语盈盈暗香去。众里寻他千百度，蓦然回首，那人却在灯火阑珊②处。

【注释】①玉壶：明月。②阑珊：零落的，稀疏的。

编者注：在众多词作之中，将这三首放在开篇，实因王国维曾引用这三首词中的句子将之概括为“治学三境界”，多为后人引用，故此，将三首辑录，让诸位了解，以此为学。

四　望江南

温庭筠

梳洗罢，独倚[1]望江楼。过尽千帆皆不是，斜晖脉脉[2]水悠悠。肠断白蘋洲。

【注释】①倚（yǐ）：靠着。②脉脉（mò）：含情凝视的样子。

五　菩萨蛮

温庭筠

小山[1]重叠金明灭，鬓云[2]欲度[3]香腮雪。懒起画蛾眉，弄妆梳洗迟。　照花前后镜，花面交相映。新贴绣罗襦[4]，双双金鹧鸪。

【评注】宋词的辉煌，实起于晚唐，而温庭筠虽被后人评为格调不高，却开风气之先，这首《菩萨蛮》为其代表。温庭筠（812？—866？）唐代诗人、词人。本名岐，字飞卿，太原祁（今山西祁县东南）人。富有天才，文思敏捷，精通音律。工诗，与李商隐齐名，时称“温李”。其诗辞藻华丽，秾艳精致，内容多写闺情。其词艺术成就在晚唐诸词人之上，为“花间派”首要词人，对词的发展影响较大。在词史上，与韦庄齐名，并称“温韦”。存词70余首。后人辑有《温飞卿集》及《金奁集》。

【注释】①小山：眉妆的名目，指小山眉，弯弯的眉毛。②鬓云：像云朵似的鬓发。③度：覆盖，形容鬓角延伸向脸颊，像云影轻度。④罗襦：丝绸短袄。

六　思帝乡

韦庄

春日游，杏花吹满头，陌上谁家年少，足[1]风流，妾拟将身嫁与，一生休[2]。纵被无情弃，不能羞。

【评注】这阕《思帝乡》小令是五代时期花间派代表词人韦庄的作品，以一个普通女子游春时对一个风流多情男子的向往和期待为主题，词中语言清新。

【注释】①足：足够，十分。②一生休：直到生命尽头。

七　菩萨蛮

韦庄

其一

红楼别夜堪惆怅，香灯半卷流苏帐。残月出门时，美人和泪辞。琵琶金翠羽，弦上黄莺语。劝我早归家，绿窗人似花。

其二

人人尽说江南好，游人只合江南老。春水碧于天，画船听雨眠。垆[①]边人似月，皓腕凝霜雪。未老莫还乡，还乡须断肠。

其三

如今却忆江南乐，当时年少春衫薄。骑马倚斜桥，满楼红袖招。翠屏金屈曲，醉入花丛宿。此度见花枝，白头誓不归。

其四

劝君今夜须沈[②]醉，尊前莫话明朝事。珍重主人心，酒深情亦深。须愁春漏短，莫诉金杯满。遇酒且呵呵[③]，人生能几何。

其五

洛阳城里春光好，洛阳才子他乡老。柳暗魏王堤，此时心转迷。桃花春水渌，水上鸳鸯浴。凝恨对残晖，忆君君不知。

【评注】韦庄（约836—910），五代前蜀诗人。字端己，杜陵（今中国陕西省西安市附近）人，诗人韦应物的四代孙，唐朝“花间派”词人，词风清丽，有《浣花词》流传。少孤贫力学，才敏过人。与温庭筠齐名，并称“温韦”。为人疏旷不拘，任性自用。唐亡，王建为前蜀皇帝，任命他为宰相，蜀之开国制度多出其手，后终身仕蜀，官至吏部侍郎兼平章事。

【注释】①垆（lú）：放酒坛子的地方。②沈：同“沉”。③呵呵（huō）：笑声。

八　鹊踏枝（之一）

冯延巳

谁道闲情抛掷久，每到春来，惆怅还依旧。日日花前常病酒，不辞镜里朱颜瘦。　河畔青芜堤上柳，为问新愁，何事年年有。独立小桥风满袖，平林新月人归后。

【评注】冯延巳（903—960）又名延嗣，字正中，五代广陵（今江苏省扬州市）人。在南唐做过宰相，生活过得很优裕、舒适。他的词多写闲情逸致辞，文人的气息很浓，对北宋初期的词人有比较大的影响。宋初《钓矶立谈》评其“学问渊博，文章颖发，辩说纵横”，其词集名《阳春集》。

九 山花子

李璟

手卷真珠[1]上玉钩，依前春恨锁重楼。风里落花谁是主？思悠悠。 青鸟[2]不传云外信，丁香空结雨中愁。回首绿波三楚[3]暮，接天流。

【评注】李璟（916—961），南唐第二位皇帝，史称南唐中主。他的词，感情真挚，风格清新，语言不事雕琢。

【注释】①真珠：指珠帘。 ②青鸟：古代神话中的一种神鸟。 ③三楚：地名，战国楚地。

十　望江南·多少恨

李煜

多少恨，昨夜梦魂中。还似旧时游上苑[①]，车如流水马如龙，花月正春风。

【评注】这首记梦小词，是李煜降宋被囚后的作品，抒写了梦中重温旧时的欢乐以及梦醒后的悲恨，以梦中的乐景写现实中的哀情。

【注释】①上苑：供帝王游玩打猎的园子。

十一　望江南·闲梦远

李煜

闲[①]梦远，南国正清秋。千里江山寒色[②]远，芦花深处泊独舟。笛在明月楼。

【注释】①闲：指囚禁中百无聊赖的生活和心情。②寒色：这里指秋色。

十二　虞美人

李煜

春花秋月何时了，往事知多少。小楼昨夜又东风，故国不堪①回首月明中。　　雕栏②玉砌应犹在，只是朱颜改。问君能有几多愁，恰似一江春水向东流。

【注释】①不堪：受不了。②雕栏：雕花的栏杆。

十三　乌夜啼

李煜

林花谢[1]了春红[2]，太匆匆，无奈朝来寒雨晚来风。　　胭脂泪，留人醉，几时重[3]？自是人生长恨水长东。

【注释】①谢：告别。②春红：指艳丽的春天。③重：指事的重历，人的重逢。

十四　长相思

李煜

一重山，两重山，山远天高烟水寒，相思枫叶丹[1]。　　菊花开，菊花残，塞雁高飞人未还，一帘风月[2]闲。

【注释】①丹：红。②风月：指清风明月的美景，暗喻男女情爱。

十五　相见欢

李煜

无言独上西楼，月如钩。寂寞梧桐深院，锁清秋[1]。　　剪不断，理还乱，是离愁。别是一般滋味，在心头。

【注释】①锁清秋：指自己被囚深院，只能终日与清冷的秋天相伴。

十六 破阵子

李煜

四十年[①]来家国，三千里地山河。凤阁龙楼连霄汉[②]，玉树琼枝作烟萝[③]，几曾识干戈[④]？一旦归为臣虏[⑤]，沈腰[⑥]潘鬓[⑦]消磨。最是仓皇辞庙[⑧]日，教坊[⑨]犹奏别离歌，垂泪对宫娥。

【注释】①四十年：南唐祖建国至后主为宋所灭，前后三十九年，举其成数而称四十年。②霄汉：指云天。③烟萝：云霞草木，指隐居生活。④干戈：兵器。⑤一旦归为臣虏：指李煜被宋俘虏。⑥沈腰：南北朝时诗人沈约在朋友信中有“老病百日数旬，革带常应移孔”的句子，后人用“沈腰”指人瘦。⑦潘鬓：晋代文学家潘岳在《秋兴赋序》里说他32岁时头发就开始花白。后以“潘鬓”作为中年鬓发初白的代称。⑧庙：祖宗的祠庙。⑨教坊：古代朝廷中掌管女乐的官署。

十七　浪淘沙

李煜

帘外雨潺潺，春意阑珊。罗衾[1]不耐五更寒。梦里不知身是客，一晌[2]贪欢。　　独自莫凭栏，无限江山，别时容易见时难。流水落花春去也，天上人间。

【注释】①罗衾（qīn）：丝绸的被子。②晌（shǎng）：晌午，这里指短暂的时间。

十八　踏莎行

晏殊

祖席[1]离歌，长亭别宴，香尘[2]已隔犹回面。居人匹马映林嘶，行人去棹[3]依波转。　画阁魂销，高楼目断，斜阳只送平波远。无穷无尽是离愁，天涯地角寻思遍。

【注释】①祖席：古人出行时要祭祀路神，叫“祖”。因此后世称践行宴会为“祖席”。②香尘：地上落花很多，尘土都带有香气，因称“香尘”。③棹：船桨，这里代指船。

十九　浣溪沙·一向年光有限身

晏殊

一向①年光有限身。等闲②离别易销魂。酒筵歌席莫辞频。　满目山河空念远，落花风雨更伤春。不如怜取③眼前人。

【注释】①一向：一晌，片刻。②等闲：平常。③怜取：怜惜，珍爱。

二十　浣溪沙·一曲新词酒一杯

晏殊

一曲新词酒一杯[1]，去年天气旧亭台。夕阳西下几时回？　　无可奈何花落去，似曾相识燕归来。小园香径[2]独徘徊。

【注释】①此句化用白居易《长安道》："花枝缺入青楼开，艳词一曲酒一杯。"②小园香径：落花散香的小径。

二十一　清平乐

晏殊

红笺小字，说尽平生意。鸿雁[1]在云鱼在水，惆怅此情难寄。　斜阳独倚西楼，遥山恰对帘钩。人面不知何处，绿波依旧东流。[2]

【评注】晏殊（991—1055）字同叔，著名词人、诗人、散文家，北宋抚州府临川城人，是当时的抚州籍第一个宰相。他能诗、善词，文章典丽，书法皆工，而以词最为突出，有“宰相词人”之称。他的词，吸收了南唐“花间派”和冯延巳的典雅流丽词风，开创北宋婉约词风，被称为“北宋倚声家之初祖”。他的词语言清丽，声调和谐，写景重其精神，赋予自然物以生命，形成了自己的特色。

【注释】①鸿雁：古有雁足传书和鲤鱼传书的说法，故有“信使”的含义。②人面、绿波：化用唐代崔护诗：“人面不知何处去，桃花依旧笑春风。”（《题都城南庄》）

二十二　采桑子

欧阳修

群芳过后西湖好，狼藉残红，飞絮濛濛，垂柳阑干尽日风。　　笙歌[1]散尽游人去，始觉春空。垂下帘栊[2]，双燕归来细雨中。

【注释】①笙（shēng）歌：指歌唱时有笙管伴奏。②栊（lóng）：有格子的窗户。

二十三　玉楼春

欧阳修

尊前拟把归期说，欲语春容先惨咽[1]。人生自是有情痴，此恨不关风与月。　离歌且莫翻新阕[2]，一曲能教肠寸结。直须看尽洛阳花，始共春风容易别。

【注释】①咽（yè）：哽咽。②阕（què）：篇章。

二十四　踏莎行

欧阳修

候馆[1]梅残，溪桥柳细，草薰风暖摇征辔[2]。离愁渐远渐无穷，迢迢不断如春水。　寸寸柔肠，盈盈粉泪，楼高莫近危阑[3]倚。平芜[4]尽处是春山，行人更在春山外。

【注释】①候馆：迎候宾客的馆舍。②辔(pèi)：驾驭牲口用的缰绳。③危阑：高楼上的栏杆。④芜（wú）：丛生的杂草。

二十五　蝶恋花

欧阳修

庭院深深深几许？杨柳堆烟，帘幕无重数。玉勒雕鞍[1]游冶处，楼高不见章台路[2]。　雨横风狂三月暮，门掩黄昏，无计留春住。泪眼问花花不语，乱红飞过秋千去。

【评注】欧阳修（1007—1073），字永叔，号醉翁，又号六一居士。汉族，吉安永丰（今属江西）人，自称庐陵（今永丰县沙溪人）。谥号文忠，世称欧阳文忠公，北宋卓越的文学家、史学家。与（唐朝）韩愈、柳宗元、（宋朝）王安石、苏洵、苏轼、苏辙、曾巩合称“唐宋八大家”。

【注释】①玉勒雕鞍：镶玉的马笼头和雕刻花纹的马鞍，代指华贵的车马。②章台路：原指汉代长安城的章台街，相传为歌妓露居之处。

二十六 望海潮

柳永

东南形胜，三吴都会，钱塘自古繁华。烟柳画桥，风帘翠幕，参差十万人家。云树绕堤沙，怒涛卷霜雪，天堑[1]无涯。市列珠玑，户盈罗绮，竞豪奢。　　重湖叠巘[2]清嘉，有三秋桂子，十里荷花。羌管弄晴，菱歌泛夜，嬉嬉钓叟[3]莲娃。千骑拥高牙，乘醉听箫鼓，吟赏烟霞。异日图将好景，归去凤池夸。

【注释】①堑（qiàn）：壕沟。②巘（yǎn）：小的山峰。③叟（sǒu）：老人。

二十七　少年游

柳永

长安古道马迟迟，高柳乱蝉嘶。夕阳岛[①]外，秋风原上，目断四天垂。　　归去一云无踪迹，何处是前期[②]？狎[③]兴生疏，酒徒萧索[④]，不似少年时。

【注释】①岛：这里指高峻的山峰，在空旷的原野上，高峻的山峰远远望去就像海上的岛屿。②前期：指从前的期待、愿望。③狎（xiá）：游玩的兴致。④萧索：零散，稀少。

二十八　雨霖铃

柳永

寒蝉凄切，对长亭[1]晚，骤雨初歇。都门帐饮无绪，留恋处、兰舟[2]催发。执手相看泪眼，竟无语凝噎。念去去[3]、千里烟波，暮霭沉沉楚天阔。　多情自古伤离别，更那堪、冷落清秋节。今宵酒醒何处？杨柳岸、晓风残月。此去经年，应是良辰好景虚设。便纵有千种风情，更与何人说？

【评注】柳永（约987—约1053），北宋著名词人，婉约派最具代表性的人物。汉族，崇安（今福建武夷山）人，原名三变，字景庄，后改名永，字耆卿，排行第七，又称柳七。宋仁宗朝进士，官至屯田员外郎，故世称柳屯田。他自称“奉旨填词柳三变”，以毕生精力作词，并以“白衣卿相”自诩。其词多描绘城市风光和歌妓生活，尤长于抒写羁旅行役之情，创作慢词独多。铺叙刻画，情景交融，语言通俗，音律谐婉，在当时流传极其广泛，人称“凡有井水饮处，皆能歌柳词”，对宋词的发展有重大影响。

【注释】①长亭：古时设在驿路旁供行人休息的亭舍，也是送别的地方。②兰舟：船的美称。③去去：不断远行。

二十九　水龙吟·次韵章质夫杨花词

苏轼

似花还似非花，也无人惜从教坠。抛家傍路，思量却是，无情有思。萦①损柔肠，困酣②娇眼，欲开还闭。梦随风万里，寻郎去处、又还被莺呼起。

不恨此花飞尽，恨西园、落红难缀。晓来雨过，遗踪何在，一池萍碎。春色三分，二分尘土，一分流水。细看来，不是杨花，点点是离人泪。

【注释】①萦（yíng）：萦绕，牵念。②困酣（hān）：困倦之极。

三十　卜算子

苏轼

缺月挂疏桐，漏断[1]人初静。谁见幽人独往来？缥缈孤鸿影。惊起却回头，有恨无人省[2]。拣尽寒枝不肯栖，寂寞沙洲冷。

【注释】①漏断：夜已经深了。②省：了解。

三十一　江城子·乙卯正月二十日夜记梦

苏轼

十年生死两茫茫，不思量，自难忘。千里孤坟，无处话凄凉。纵使相逢应不识，尘满面，鬓如霜。　夜来幽梦忽还乡，小轩[①]窗，正梳妆。相顾无言，惟有泪千行。料得年年肠断处，明月夜，短松冈。

【注释】①轩：窗户或门。

三十二　定风波

苏轼

三月七日，沙湖道中遇雨，雨具先去，同行皆狼狈，余独不觉。已而遂晴，故作此。

莫听穿林打叶声，何妨吟啸且徐行。竹杖芒鞋轻胜马，谁怕？一蓑烟雨任平生。　料峭春风吹酒醒，微冷，山头斜照却相迎。回首向来萧瑟处，归去，也无风雨也无晴。

【评注】苏轼（1037—1101），北宋文学家、书画家。字子瞻，号东坡居士。眉州眉山（今属四川）人。与父苏洵、弟苏辙合称三苏。清人敬称说：“一门父子三词客，千古文章四大家。”他在文学艺术方面堪称全才。其文汪洋恣肆，明白畅达，与欧阳修并称“欧苏”，为唐宋八大家之一；诗清新豪健，善用夸张比喻，在艺术表现方面独具风格，与黄庭坚并称“苏黄”；词开豪放一派，对后代很有影响，与辛弃疾并称“苏辛”；书法擅长行书、楷书，能自创新意，用笔丰腴跌宕，有天真烂漫之趣，与黄庭坚、米芾、蔡襄并称“宋四家”；画学文同，喜作枯木怪石，论画主张神似。著有《苏东坡全集》和《东坡乐府》等。

三十三　踏莎行

秦观

雾失楼台，月迷津渡。桃源望断无寻处。可堪孤馆闭春寒，杜鹃声里斜阳暮。　驿寄梅花，鱼传尺素[①]。砌成此恨无重数。郴江幸自绕郴山，为谁流下潇湘去。

【评注】秦观（1049—1100），字少游，一字太虚，号淮海居士，别号邗沟居士。汉族，扬州高邮（今属江苏）人。北宋文学家，北宋词人。与黄庭坚、张耒、晁补之合称“苏门四学士”，颇得苏轼赏识。熙宁十一年（1078）作《黄楼赋》，苏轼赞他“有屈宋之才”。

【注释】①素：没有染色的绢。

三十四　摸鱼儿

辛弃疾

淳熙己亥，自湖北漕移湖南，同官王正之[1]置酒小山亭，为赋。

更能消[2]、几番风雨，匆匆春又归去。惜春长怕花开早，何况落红无数！春且住。见说道，天涯芳草无归路。怨春不语。算只有殷勤[3]，画檐蛛网，尽日惹飞絮。　长门[4]事，准拟佳期又误。蛾眉曾有人妒。千金纵买相如赋，脉脉此情谁诉？君莫舞。君不见，玉环飞燕[5]皆尘土！闲愁最苦。休去倚危栏，斜阳正在，烟柳断肠处。

【注释】①同官王正之：据楼钥《攻媿集》卷99《王正之墓志铭》，王正之淳熙六年任湖北转运判官，故称“同官”。淳熙六年（1179），辛弃疾南渡之后的第十七年，被朝廷支来支去的他再次由湖北转运副使。他的同事王正之在小山亭为他设宴饯行，他感概万千，写下了这首词。②消：经受。③算只有殷勤：想来只有檐下蛛网还殷勤地沾惹飞絮，留住春色。④长门：汉代宫殿名，武帝皇后失宠后被幽闭于此，司马相如《长门赋序》：“孝武陈皇后，时得幸，颇妒。别在长门宫，愁闷悲思，闻蜀郡成都司马相如天下工为文，奉黄金百万，为相如，文君取酒，因以悲愁之辞，而相如为文以悟主上，陈皇后复得幸。”⑤玉环飞燕：杨玉环、赵飞燕，皆貌美善妒。

三十五　生查子

辛弃疾

去年燕子来，帘幕深深处。香径得泥归，都把琴书污。　　今年燕子来，谁听呢喃语？不见卷帘人，一阵黄昏雨。

【评注】辛弃疾（1140—1207），南宋词人。字幼安，别号稼轩，历城（今山东济南）人。出生时，中原已为金兵所占。21岁参加抗金义军，不久归南宋。一生力主抗金，其词抒写力图恢复国家统一的爱国热情，倾诉壮志难酬的悲愤，对当时执政者的屈辱求和颇多谴责；也有不少吟咏祖国河山的作品。题材广阔又善化用前人典故入词，风格沉雄豪迈又不乏细腻柔媚之处。作品集有《稼轩长短句》，今人辑有《辛稼轩诗文钞存》。

三十六　扬州慢

姜夔

淳熙丙申正日，予过维扬。夜雪初霁[1]，荠麦弥望。入其城则四壁萧条，寒水自碧，暮色渐起，戍角悲吟。予怀怆然，感慨今昔，因自度此曲。千岩老人以为有“黍离[2]”之悲也。

淮左名都，竹西佳处，解鞍少驻初程。过春风十里，尽荠[3]麦青青。自胡马窥江去后，废池乔木，犹厌言兵。渐黄昏，清角吹寒，都在空城。　　杜郎俊赏，算而今重到须惊。纵豆蔻词工，青楼梦好，难赋深情。二十四桥仍在，波心荡冷月无声。念桥边红药，年年知为谁生？

【评注】姜夔（1154—1208），字尧章，别号白石道人，汉族，饶州鄱阳（今江西鄱阳县）人。南宋词人。他少年孤贫，屡试不第，终生未仕，一生转徙江湖。工诗词，精音律，善书法，对词的造诣尤深。今存词 80 多首，多为记游、咏物和抒写个人身世、离别相思之作，偶然也流露出对于时事的感慨。其词情意真挚，格律严密，语言华美，风格清幽冷隽，有以瘦硬清刚之笔调矫婉约词媚无力之意。

【注释】①霁（jì）：雪雨停止，天色初晴。②黍（shǔ）离：指对国家残破、今不如昔的哀叹。也指国破家亡之痛。出自于《诗经·王风》。③荠（jì）：荠菜。

三十七　一剪梅

李清照

红藕香残玉簟[①]秋。轻解罗裳，独上兰舟。云中谁寄锦书来？雁字回时，月满西楼。　花自飘零水自流，一种相思，两处闲愁。此情无计可消除，才下眉头，却上心头。

【注释】①簟（diàn）：竹席。

三十八　点绛唇

李清照

蹴罢秋千，起来慵整纤纤手。露浓花瘦，薄汗轻衣透。

见有人来，袜刬①金钗溜，和羞走。倚门回首，却把青梅嗅。

【注释】①刬（chǎn）：同“铲”，袜刬金钗溜，写出少女匆忙溜走的情态。

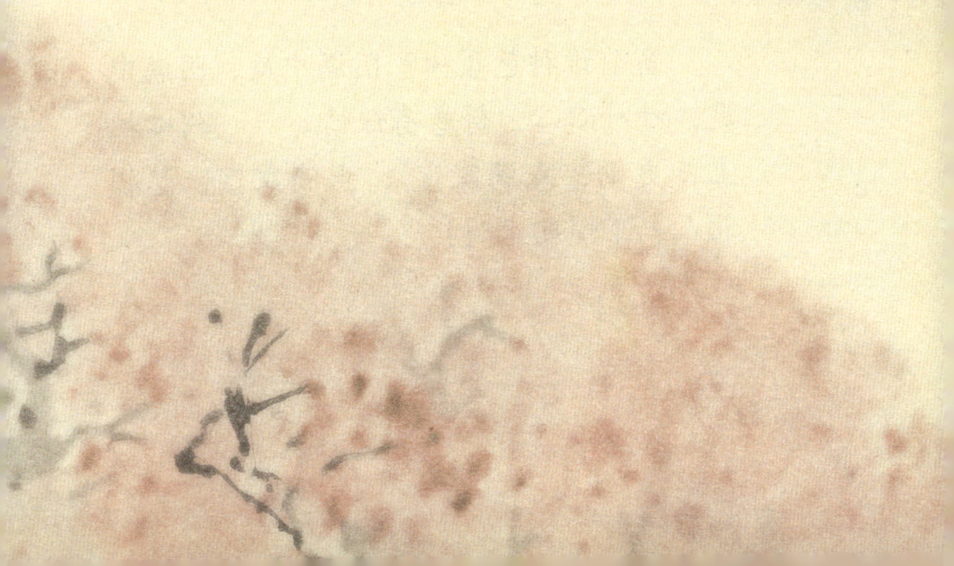

三十九　添字采桑子

李清照

窗前谁种芭蕉树？阴满中庭；阴满中庭，叶叶心心、舒卷有馀情。　　伤心枕上三更雨，点滴霖霪[1]；点滴霖霪，愁损北人、不惯起来听！

【注释】① 霖霪（lín yín）：久雨。

四十　声声慢

李清照

寻寻觅觅，冷冷清清，凄凄惨惨戚戚。乍暖还寒时候，最难将息。三杯两盏淡酒，怎敌他，晚来风急？雁过也，正伤心，却是旧时相识。　满地黄花堆积，憔悴损，如今有谁堪摘？守着窗儿，独自怎生得黑？　梧桐更兼细雨，到黄昏、点点滴滴。这次第，怎一个愁字了得？

【评注】李清照（1084—1155），山东省济南章丘人，号易安居士。宋代女词人，婉约词派代表，有“千古第一才女”之称。早期生活优裕，与夫赵明诚共同致力于书画金石的搜集整理。金兵入据中原时，流寓南方，境遇孤苦。所作词，前期多写其悠闲生活，后期多悲叹身世，情调感伤。形式上善用白描手法，自辟途径，语言清丽。论词强调协律，崇尚典雅，提出词“别是一家”之说，反对以作诗文之法作词。能诗，留存不多，部分篇章感时咏史，情辞慷慨，与其词风不同。

四十一　钗头凤

陆游

红酥手，黄縢[①]酒，满城春色宫墙柳。东风恶，欢情薄。一怀愁绪，几年离索[②]。错，错，错！

春如旧，人空瘦，泪痕红浥[③]鲛绡[④]透。桃花落，闲池阁。山盟虽在，锦书[⑤]难托。莫，莫，莫！

【注释】①黄縢（téng）：酒名，宋代官酒以黄纸为封，故以黄封代指美酒。②离索：离群索居的简括。③浥（yì）：湿润。④鲛绡（jiāo xiāo）：神话传说鲛人所织的绡，极薄，后用以泛指薄纱，这里指手帕。绡，生丝，生丝织物。⑤锦书：写在锦上的书信。

四十二　钗头凤

唐婉

世情薄，人情恶，雨送黄昏花易落。晓风干，泪痕残。欲笺心事，独语斜阑。难，难，难！

人成各，今非昨，病魂常似秋千索。角声寒，夜阑珊。怕人寻问，咽泪装欢。瞒，瞒，瞒！

【评注】陆游（1125—1210），南宋诗人。有“小李白”之称。他始终坚持抗金，在仕途上不断受到当权派的排斥打击。中年入蜀抗金，军事生活丰富了他的文学内容，名著有《剑南诗稿》、《渭南文集》、《南唐书》、《老学庵笔记》。陆游的作品吐露出万丈光芒，使他成为杰出诗人。唐琬，字蕙仙，陆游的表妹，陆游母舅唐诚女儿，自幼文静灵秀，才华横溢。陆家曾以一只精美无比的家传凤钗作信物，与唐家订亲。陆游20岁（宋高宗绍兴十四年）与唐婉结合。不料唐婉的才华横溢与陆游的亲密感情，引起了陆母的不满（女子无才便是德），后陆母认为唐婉把儿子的前程耽误殆尽，遂命陆游休了唐婉。陆游曾另筑别院安置唐婉，其母察觉后，命陆游另娶一位温顺本分的王氏女为妻。唐婉而后由家人作主嫁给了皇家后裔同郡士人赵士程。公元1155年（绍兴二十年），礼部会试失利后陆游到沈园去游玩，偶然遇见了唐琬，两个人都非常难过。陆游感伤地在墙上题了一首《钗头凤》（红酥手）词。1156年，唐婉再次来到沈园瞥见陆游的题词，不由感慨万千，于是和了一阕《钗头凤》（世情薄）。随后不久便抑郁而终，留给世人一段凄美的爱情故事。

四十三　酒泉子

潘阆

长忆西湖。尽日①凭阑②楼上望：三三两两钓鱼舟，岛屿正清秋。　笛声依约芦花里，白鸟成行忽惊起。别来闲整钓鱼竿，思入水云寒。

【评注】潘阆（？—1009），北宋诗人、词人。字逍遥，又号逍遥子，大名（今河北大名）人。至道元年，赐进士及第，授四门国子博士。后坐事亡命。真宗时释其罪，任滁州参军。大中祥符二年卒。事迹见于《咸淳临安志》卷六五、卷九三。工诗。有《逍遥集》一卷，《逍遥词》一卷。宋杨湜《古今词话》云："潘逍遥狂逸不羁，往往有出尘之语。"此语从此词中，可见一斑。

【注释】①尽日：终日。②阑：同"栏"。

四十四　长相思

林逋

吴山青，越山青。两岸青山相送迎，谁知离别情①？　　君泪盈②，妾泪盈。罗带同心结③未成，江头潮已平④。

【评注】林逋（967－1028），字君复，汉族，杭州钱塘人。性孤高自好，喜恬淡，勿趋荣利。长大后，曾漫游江淮间，后隐居杭州西湖，结庐孤山。常驾小舟遍游西湖诸寺庙，与高僧诗友相往还。每逢客至，叫门童子纵鹤放飞，林逋见鹤必棹舟归来。宋仁宗赐谥“和靖先生”。

【注释】①谁知离别情：一作“争忍有离情”。②泪盈：含泪欲滴。③同心结：将罗带系成连环回文样式的结子，象征定情。④潮已平：指江水已涨到与岸相齐。

四十五　天仙子

张先

水调数声持酒听，午醉醒来愁未醒。送春春去几时回？临晚镜，伤流景①，往事后期空记省。②

沙上并禽③池上暝④，云破月来花弄影。重重帘幕密遮灯，风不定，人初静，明日落红应满径。

【注释】①流景：像水一样的年华，逝去的光阴。景：日光。②后期：以后的约会。记：思念。省（xǐng）：省悟。③并禽：成对的鸟儿，这里指鸳鸯。④暝：天黑，暮色笼罩。

四十六　鹧鸪天

黄庭坚

座中有眉山隐客史应之和前韵，即席答之。

黄菊枝头生晓寒。人生莫放酒杯干。风前横笛斜吹雨，醉里簪花倒著冠[①]。　身健在，且加餐。舞裙歌板尽清欢。黄花[②]白发相牵挽，付与时人冷眼看。

【评注】黄庭坚（1045—1105），字鲁直，自号山谷道人，晚号涪翁，又称豫章黄先生，汉族，洪州分宁（今江西修水）人。北宋诗人、词人、书法家，为盛极一时的江西诗派开山之祖，而且他跟杜甫、陈师道和陈与义素有“一祖三宗”（黄为其中一宗）之称。英宗治平四年(1067)进士。历官叶县尉、北京国子监教授、校书郎、著作佐郎、秘书丞、涪州别驾、黔州安置等。诗歌方面，他与苏轼并称为“苏黄”；书法方面，他则与苏轼、米芾、蔡襄并称为“宋代四大家”；词作方面，虽曾与秦观并称“秦黄”，但黄氏的词作成就却远逊于秦氏。

【注释】①著冠：戴帽。②黄花：菊花。菊花傲霜而开，常用以比喻人老而弥坚。

四十七　青玉案

贺铸

凌波[①]不过横塘路，但目送，芳尘去[②]。锦瑟华年[③]谁与度？月桥花院，琐窗朱户[④]，只有春知处。

飞云冉冉蘅皋暮[⑤]，彩笔新题断肠句[⑥]。试问闲愁都几许？一川烟草，满城风絮，梅子黄时雨。

【评注】贺铸（1052—1125）北宋词人。字方回，号庆湖遗老。汉族，卫州（今河南卫辉）人。宋太祖贺皇后族孙，所娶亦宗室之女。自称远祖本居山阴，是唐贺知章后裔，以知章居庆湖（即镜湖），故自号庆湖遗老。

【注释】①凌波：形容女子步态轻盈。三国魏曹植《洛神赋》："凌波微步，罗袜生尘。"②芳尘去：指美人已去。③锦瑟华年：指美好的青春时期。锦瑟：饰有彩纹的瑟。唐李商隐《锦瑟》："锦瑟无端五十弦，一弦一柱思华年。"④琐窗：雕绘连琐花纹的窗子。朱户：朱红的大门。⑤飞：一作"碧"。冉冉：指云彩缓缓流动。蘅皋（héng gāo）：长着香草的沼泽中的高地。⑥彩笔：比喻有写作的才华。《南史·江淹传》："……（淹）尝宿于冶亭，梦一丈夫自称郭璞，谓淹曰：'吾有笔在卿处多年，可以见还。'淹乃探怀中得五色笔一以授之。"断肠句：伤感的诗句。

四十八　眼儿媚

赵佶

玉京[1]曾忆旧繁华。万里帝王家[2]。琼林玉殿，朝喧弦管，暮列笙琶。　　花城[3]人去今萧索，春梦绕胡沙。家山何处，忍听羌笛，吹彻梅花[4]。

【评注】本词为宋徽宗赵佶被俘北上后所作。作者以概括性很强而又极富艺术性的语言将北宋覆亡的史事、当时的社会风貌，以及亡国之君内心复杂的感情活动浓缩在短短 40 多个字中。

【注释】①玉京：汴京。②万里帝王家：点出作者是繁华京师中的帝王身份。③花城：指靖康之乱以前的汴京。④梅花：指的是古曲《梅花三弄》。

四十九　满江红

岳飞

怒发冲冠，凭栏处，潇潇雨歇。抬望眼，仰天长啸，壮怀激烈。三十功名尘与土，八千里路云和月。莫等闲[1]，白了少年头，空悲切！

靖康耻[2]，犹未雪；臣子恨，何时灭？驾长车，踏破贺兰山缺。壮志饥餐胡虏肉，笑谈渴饮匈奴血。待从头，收拾旧山河，朝天阙[3]！

【评注】岳飞（1103—1142），南宋抗金名将。字鹏举，相州汤阴（今属河南）人。官至枢密副使，封武昌郡开国公。以不附和议，被秦桧所陷，被害于大理寺狱。孝宗时追谥武穆，宁宗时追封鄂王，理宗时改谥忠武。传岳飞背后有其母刻的“精忠报国”四字，《宋史》有传。

【注释】①等闲：轻易，随便。②靖康耻：宋钦宗靖康二年（1127），金兵攻陷汴京，虏走徽、钦二帝。③朝天阙：朝见皇帝。天阙：本指宫殿前的楼观，此指皇帝生活的地方。

五十　虞美人

蒋捷

少年听雨歌楼上，红烛昏罗帐。壮年听雨客舟中，江阔云低断雁①叫西风。　　而今听雨僧庐下，鬓已星星②也。悲欢离合总无情，一任阶前点滴到天明。

【评注】蒋捷，字胜欲，阳羡（今江苏宜兴）人。生为宋、元易代之际。蒋捷年轻时曾为贵介公子，南宋咸淳十年（1274）中的进士，可叹尚未一展鸿图，岌岌可危的南宋王朝便告覆亡。一心想效力宋王朝重整山河的蒋捷，抑郁寡欢，退隐江湖之间，栖息于太湖中竹山岛，恪守气节，终不出仕，过着飘零凄苦的生活。其一生饱经战乱流离之苦，颇富忧患意识。现存90余首词，多体现人生遭际、表达故国之思，《虞美人·听雨》即为词人深谙人生况味的艺术结晶。

【注释】①断雁：失群孤雁。②星星：白发点点如星，形容白发很多。左思《白发赋》："星星白发，生于鬓垂。"

读读现代诗

一　送别

李叔同

长亭外，古道边，
芳草碧连天。
晚风拂柳笛声残，
夕阳山外山。
天之涯，地之角，
知交半零落。
人生难得是欢聚，
唯有别离多。

长亭外，古道边，
芳草碧连天。
问君此去几时还，
来时莫徘徊。
天之涯，地之角，
知交半零落。
一壶浊酒尽余欢，
今宵别梦寒。

李叔同，祖籍浙江平湖，生于天津。中国话剧的开拓者之一，在音乐、书法、绘画和戏剧方面，都颇有造诣。从日本留学归国后，担任过教师、编辑之职，后剃度为僧，法名演音，号弘一，晚号晚晴老人。1942年10月13日在泉州圆寂。往生时，年63岁。

《送别》实际上是李叔同以送别朋友为缘由，用无所明指的象征，传达出感悟人生、看破红尘的觉悟。所以，《送别》不仅仅是朋友之间挥手相送的骊歌，而且是李叔同即将告别人间、弃世出家的“前奏曲”。

二　繁星

冰心

一

繁星闪烁着——
深蓝的太空，
何曾听得见他们对语？
沉默中，
微光里，
他们深深的互相颂赞了。

二

童年呵！
是梦中的真，
是真中的梦，
是回忆时含泪的微笑。

冰心（1900—1999），原名谢婉莹，笔名冰心，取“一片冰心在玉壶”为意。福建福州长乐横岭村人，著名诗人、作家、翻译家、儿童文学家。1922年出版了第一部诗集《繁星》。由164首小诗组成，歌颂大自然，歌颂童心，歌颂母爱，成为冰心终生创作的永恒主题。

三 断章

卞之琳

你站在桥上看风景，
看风景的人在楼上看你。

明月装饰了你的窗子，
你装饰了别人的梦。

卞之琳（1910—2000），生于江苏海门汤门镇，祖籍江苏溧水，曾用笔名季陵，“汉园三诗人”之一、文学评论家、翻译家，新月派的代表诗人。抗日战争期间在各地任教，曾是徐志摩的学生。为中国的文化教育事业作了很大贡献，《断章》是他不朽的代表作。

四　你是人间四月天

林徽因

我说你是人间的四月天；
笑响点亮了四面风；轻灵
在春的光艳中交舞着变。

你是四月早天里的云烟，
黄昏吹着风的软，星子在
无意中闪，细雨点洒在花前。

那轻，那娉婷，你是，鲜妍
百花的冠冕你戴着，你是
天真，庄严，你是夜夜的月圆。
雪化后那篇鹅黄，你象；新鲜
初放芽的绿，你是；柔嫩喜悦
水光浮动着你梦期待中白莲。

你是一树一树的花开，是燕
在梁间呢喃，——你是爱，是暖，
是希望，你是人间的四月天！

林徽因（1904—1955），出生于浙江杭州。建筑学家和作家，为中国第一位女性建筑学家，同时也被胡适誉为中国一代才女。20世纪30年代初，与夫婿梁思成用现代科学方法研究中国古代建筑，成为这个学术领域的开拓者，后来在这方面取得了巨大的学术成就，为中国古代建筑研究奠定了坚实的科学基础。其文学著作种类较多，包括散文、诗歌、小说、剧本、译文和书信等，代表作有《你是人间四月天》、《莲灯》、《九十九度中》等。

五　预言

何其芳

这一个心跳的日子终于来临。
你夜的叹息似的渐近的足音。
我听得清不是林叶和夜风的私语，
麋鹿驰过苔径的细碎的蹄声。
告诉我，用你银铃的歌声告诉我
你是不是预言中的年轻的神？
你一定来自温郁的南方，
告诉我那儿的月色，那儿的日光，
告诉我春风是怎样吹开百花，
燕子是怎样痴恋着绿杨。
我将合眼睡在你如梦的歌声里，
那温馨我似乎记得，又似乎遗忘。

请停下来，停下你长途的奔波，

进来，这儿有虎皮的褥你坐，
让我烧起每一个秋天拾来的落叶，
听我低低唱起我自己的歌。
那歌声将火光一样沉郁又高扬，
火光将落叶的一生诉说。

不要前行，前面是无边的森林，
古老的树现着野兽身上的斑纹，
半生半死的藤蟒蛇样交缠着，
密叶里漏不下一颗星。
你将怯怯地不敢放下第二步，
当你听见了第一步空寥的回声。

一定要走吗，等我和你同行！
我的足知道每条平安的路径，
我可以不停地唱着疲倦的歌，
再给你，再给你手的温存。

当夜的浓黑遮断了我们，
你可以转眼地望着我的眼睛。

我激动的歌声你竟不听，
你的足竟不为我的颤抖暂停，
像静穆的微风飘过这黄昏里，
消失了，消失了你骄傲之足音……
呵，你终于如预言所说的无语而来
无语而去了吗，年轻的神？

何其芳（1912—1977），中国著名诗人、散文家、文学评论家，“红学”理论家。四川万县（现重庆万州）人。北京大学哲学系毕业，是“汉园三诗人”之一。主要著作有：散文集《画梦录》、诗集《预言》，对《红楼梦》的研究也颇有建树。《预言》是何其芳的成名作，写于1931年秋天，其时诗人才19岁。

六　再别康桥

徐志摩

轻轻的我走了，
正如我轻轻的来；
我轻轻的招手，
作别西天的云彩。

那河畔的金柳，
是夕阳中的新娘，
波光里的艳影，
在我的心头荡漾。

软泥上的青荇，
油油地在水底招摇；
在康河的柔波里，
我甘心做一条水草！

那榆荫下的一潭，
不是清泉，是天上虹；
揉碎在浮藻间，
沉淀着彩虹似的梦。

寻梦？撑一支长篙，
向青草更青处漫溯，
满载一船星辉，
在星辉斑斓里放歌。
但我不能放歌，
悄悄是别离的笙箫；
夏虫也为我沉默，
沉默是今晚的康桥！

悄悄的我走了，
正如我悄悄的来；
我挥一挥衣袖，
不带走一片云彩。

七　雪花的快乐

徐志摩

假如我是一朵雪花，
翩翩的在半空里潇洒，
我一定认清我的方向——
飞扬，飞扬，飞扬，——
这地面上有我的方向。

不去那冷寞的幽谷，
不去那凄清的山麓，
也不上荒街去惆怅——
飞扬，飞扬，飞扬，——
你看，我有我的方向！

在半空里娟娟的飞舞，
认明了那清幽的住处，
等着她来花园里探望——
飞扬，飞扬，飞扬，——
啊，她身上有朱砂梅的清香！

那时我凭借我的身轻，
盈盈的，沾住了她的衣襟，

贴近她柔波似的心胸——
消溶，消溶，消溶——
溶入了她柔波似的心胸！

徐志摩（1897—1931），现代诗人、散文家。徐志摩是金庸的表兄。徐志摩是新月派代表诗人，新月诗社成员。1915年毕业于杭州一中，曾先后就读于上海沪江大学、天津北洋大学和北京大学。1918年赴美国学习银行学。1921年赴英国留学，入剑桥大学当特别生，研究政治经济学。在剑桥两年深受西方教育的熏陶及欧美浪漫主义和唯美派诗人的影响。在康桥，他深深感到“大自然的优美，宁静，调谐在这星光与波光的默契中不期然的淹入了你的性灵”（徐志摩：《我所知道的康桥》）。徐志摩忘情于康桥，沉迷于大自然，乃是因为他以为现实社会是丑陋的，生活是痛苦的，只有大自然是纯洁的、美好的，为要救治这个社会和人们，医治当前生活的枯窘，最好的办法是：离却堕落的文明，回向自然的单纯。

八　雨巷

戴望舒

撑着油纸伞，独自
彷徨在悠长，悠长
又寂寥的雨巷，
我希望逢着
一个丁香一样地
结着愁怨的姑娘。

她是有
丁香一样的颜色，
丁香一样的芬芳，
丁香一样的忧愁，
在雨中哀怨，
哀怨又彷徨；

她彷徨在这寂寥的雨巷，
撑着油纸伞
像我一样，
像我一样地

默默彳亍着，
寒漠，凄清，又惆怅。

她默默地走近
走近，又投出
太息一般的眼光，
她飘过
像梦一般地，
像梦一般地凄婉迷茫。

像梦中飘过
一枝丁香地，
我身旁飘过这女郎；
她静默地远了、远了，
到了颓圮的篱墙，
走尽这雨巷。

在雨的哀曲里，
消了她的颜色，
散了她的芬芳，
消散了，甚至她的

太息般的眼光，
丁香般的惆怅。

撑着油纸伞，独自
彷徨在悠长，悠长
又寂寥的雨巷，
我希望飘过
一个丁香一样地
结着愁怨的姑娘。

九　烦忧

戴望舒

说是寂寞的秋的清愁，
说是辽远的海的相思。
如果有人问我的烦忧，
我不敢说出你的名字。

我不敢说出你的名字，
如果有人问我的烦忧。
说是辽远的海的相思，
说是寂寞的秋的清愁。

十　我用残损的手掌

戴望舒

我用残损的手掌
摸索这广大的土地：
这一角已变成灰烬，
那一角只是血和泥；
这一片湖该是我的家乡，
（春天，堤上繁花如锦幛，
嫩柳枝折断有奇异的芬芳）
我触到荇藻和水的微凉；
这长白山的雪峰冷到彻骨，
这黄河的水夹泥沙在指间滑出；
江南的水田，你当年新生的禾草
是那么细，那么软……现在只有蓬蒿；
岭南的荔枝花寂寞地憔悴，
尽那边，我蘸着南海没有渔船的苦水……
无形的手掌掠过无限的江山，
手指沾了血和灰，手掌沾了阴暗，
只有那辽远的一角依然完整，
温暖，明朗，坚固而蓬勃生春。

在那上面，我用残损的手掌轻抚，
像恋人的柔发，婴孩手中乳。
我把全部的力量运在手掌
贴在上面，寄与爱和一切希望，
因为只有那里是太阳，是春，
将驱逐阴暗，带来苏生，
因为只有那里我们不像牲口一样活，
蝼蚁一样死……
那里，永恒的中国！

戴望舒（1905—1950），现代诗人，又称“雨巷诗人”，中国现代派象征主义诗人。戴望舒为笔名，原名戴朝安，又名戴梦鸥。浙江杭县（今杭州市余杭区）人。1923年秋天，考入上海大学文学系。1925年，转入震旦大学学习法语。1927年写的《雨巷》。1928年发表《雨巷》并与施蛰存、杜衡、冯雪峰创办《文学工场》。1929年4月，出版了第一本诗集《我的记忆》，这本诗集也是戴望舒早期象征主义诗歌的代表作，其中最为著名的诗篇就是《雨巷》，受到了叶圣陶的极力推荐，成为传诵一时的名作。

十一　我们准备着

冯至

我们准备着深深地领受，
那些意想不到的奇迹，
在漫长的岁月里忽然有，
彗星的出现，狂风乍起。

我们的生命在这一瞬间，
仿佛在第一次的拥抱里，
过去的悲欢忽然在眼前，
凝结成屹然不动的形体。

我们赞颂那些小昆虫，
它们经过了一次交媾，
或是抵御了一次危险，

便结束它们美妙的一生。
我们整个的生命在承受，
狂风乍起，彗星的出现。

十二　我是一条小河

冯至

我是一条小河，
我无心由你的身旁绕过——
你无心把你彩霞般的影儿，
投入了我软软的柔波。

我流过一座森林，
柔波便荡荡地，
把那些碧翠的叶影儿，
裁减成你的裙裳。

我流过一座花丛，
柔波便粼粼地，
把那些凄艳的花影儿，
编织成你的花冠。

无奈呀，我终于流入了，
流入了那无情的大海——
海上的风又厉，浪又狂，
吹折了花冠，击碎了裙裳！

我也随着海潮飘漾，
飘漾到无边的地方——
你那彩霞般的影儿，
也和幻散了的彩霞一样！

冯至(1905—1993)，原名冯承植，字君培。现代诗人，翻译家，教授。直隶涿州（今河北涿州）人。12岁在涿县高等小学毕业后，入北京市立第四中学读书，受五四新文化运动影响，开始写诗。1927年4月出版第一部诗集《昨日之歌》，1929年8月出版第二部诗集《北游及其他》，记录自己大学毕业后的哈尔滨教书生活。1930年赴德国留学，其间受到德语诗人里尔克的影响。五年后获得哲学博士学位，返回战时偏安的昆明，于西南联大任外语系教授。1941年他创作了一组后来结集为《十四行集》的诗作，影响甚大。

十三　盼望

艾青

一个海员说，
他最喜欢的是起锚所激起的
那一片洁白的浪花……
一个海员说，
最使他高兴的是抛锚所发出的
那一阵铁链的喧哗……
一个盼望出发
一个盼望到达

艾青，原名蒋正涵，号海澄，浙江省金华人。中国现代诗人，被认为是中国现代诗的代表诗人之一。主要作品有《大堰河——我的保姆》、《艾青诗选》。

十四　悬崖边的树

曾卓

不知道是什么奇异的风
将一棵树吹到了那边——
平原的尽头
临近深谷的悬崖上
它倾听远处森林的喧哗
和深谷中小溪的歌唱
它孤独地站在那里
显得寂寞而又倔强
它的弯曲的身体
留下了风的形状
它似乎即将倾跌进深谷里
却又像是要展翅飞翔……

曾卓，原名曾庆冠（1922—2002），原籍湖北黄陂，生于湖北武汉。出版的诗集有《门》、《悬崖边的树》、《白色花》（合集）、《老水手的歌》等，其中《老水手的歌》获全国第二届优秀新诗诗集奖。诗歌真诚朴素，饱含情感，特别是在逆境中的创作，如《悬崖边的树》、《有赠》等，沉郁中透露着刚毅，在孤苦中表现积极向上精神。

十五 航

王辛笛

帆起了
帆向落日的去处
风帆吻着暗色的水
有如黑蝶与白蝶

明月照在当头
青色的蛇
弄着银色的明珠
桅上的人语
风吹过来
水手问起雨和星辰

从日到夜
从夜到日
我们航不出这圆圈

后一个圆
前一个圆
一个永恒
而无涯涘的圆圈
将生命的茫茫
脱卸与茫茫的烟水

王辛笛（1912—2004.1.8），原名馨迪，诗人。祖籍江苏淮安，生于天津。1935年毕业于清华大学外文系。1936年至1939年，在英国爱丁堡大学英国语文系进修。回国后，任暨南大学、光华大学教授，中华全国文艺协会上海分会秘书，诗歌音乐工作者协会上海分会负责人。1936年，和弟弟辛谷合出第一本诗集《珠贝集》，是其30年代前期诗歌创作的一次小结，其中有写于1934年8月的成名作《航》，以及读者传诵的其他诗篇，如《夜别》、《印象》、《生涯》、《冬夜》、《告别》、《二月》、《潭柘》、《丁香、灯和夜》等。

十六　老马

臧克家

总得叫大车装个够，
他横竖不说一句话，
背上的压力往肉里扣，
它把头沉重的垂下！

这刻不知道下刻的命，
他有泪只往心里咽，
眼里飘来一道鞭影，
它抬起头望望前面。

臧克家（1905—2004），山东诸城人，杰出诗人，著名作家、编辑，忠诚的爱国主义者，是诗人闻一多先生的高徒，被誉为“农民诗人”。他创作的《难民》、《老马》、《有的人》等诗篇，以凝练的诗句描写了旧中国农民忍辱负重的悲苦生活；长诗《罪恶的黑手》，揭露了帝国主义的罪恶和伪善的面目，这些诗是他早期诗歌的代表作，已成为我国现代诗史上的经典之作。

十七　死水

闻一多

这是一沟绝望的死水，
清风吹不起半点漪沦。
不如多扔些破铜烂铁，
爽性泼你的剩菜残羹。
也许铜的要绿成翡翠，
铁罐上锈出几瓣桃花；
再让油腻织一层罗绮，
霉菌给他蒸出些云霞。
让死水酵出一沟绿酒，
飘满了珍珠似的白沫；
小珠笑一声变成大珠，
又被偷酒的花蚊咬破。
那么一沟绝望的死水，
也就夸得上几分鲜明。
如果青蛙耐不住寂寞，
又算死水叫出了歌声。
这是一沟绝望的死水，
这里断不是美的所在，
不如让给丑恶来开垦，
看他造出个什么世界。

闻一多（1899—1946），湖北浠水县人，原名闻家骅，著名诗人，学者。中国民主同盟早期领导人。1912年考入清华大学，喜欢读中国古代诗集、诗话、史书、笔记等。1916年开始在《清华周刊》上发表系列读书笔记，总称《二月庐漫记》。1923年出版第一部诗集《红烛》，把反帝爱国的主题和唯美主义的形式典范地结合在一起。1928年出版第二部诗集《死水》，在颓废中表现出深沉的爱国主义激情。此后致力于古典文学的研究。

十八　蕙的风

汪静之

是哪里吹来
这蕙花的风——
温馨的蕙花的风?

蕙花深锁在园里,
伊满怀着幽怨。
伊底幽香潜出园外,
去招伊所爱的蝶儿。

雅洁的蝶儿,
薰在蕙风里:
他陶醉了;
想去寻着伊呢。

他怎寻得到被禁锢的伊呢?
他只迷在伊底风里,
隐忍着这悲惨而甜蜜的伤心,
醺醺地翩翩地飞着。

汪静之（1902—1996），安徽绩溪人，农工党成员，大学毕业。1921 年起在《新潮》、《小说月报》、《诗》、《新青年》等杂志发表新诗，与潘漠华、应修人、冯雪峰创立湖畔诗社，其中诗集《蕙的风》1922 年出版，在全国掀起巨大反响。鲁迅很赏识他的诗作，并对其作品给予较高的评价，曾亲自为他修改作品，多次给他教诲和鼓励。“《蕙的风》的内容对于当时封建礼教具有更大的冲击力，它的出版，无疑是向旧社会道德投下了一颗猛烈无比的炸弹，在我国文艺界引起了一场‘文艺与道德’的论战。”

十九　太阳礼赞

郭沫若

青沈沈的大海，波涛汹涌着，潮向东方。
光芒万丈地，将要出现了哟
——新生的太阳！

天海中的云岛都已笑得来火一样地鲜明！
我恨不得，把我眼前的障碍一概划平！

出现了哟！出现了哟！
耿晶晶地白灼的圆光！
从我两眸中有无限道的金丝向着太阳飞放。

太阳哟！我背立在大海边头紧觑着你。
太阳哟！你不把我照得个通明，我不回去！

太阳哟！你请永远照在我的面前，不使退转！
太阳哟！我眼光背开了你时，四面都是黑暗！

太阳哟！你请把我全部的生命照成道鲜红的血流！

太阳哟！你请把我全部的诗歌照成些金色的浮沤！

太阳哟！我心海中的云岛也已笑得来火一样地鲜明了！

太阳哟！你请永远倾听着，倾听着，我心海中的怒涛！

郭沫若（1892—1978），原名郭开贞，字鼎堂，号尚武，笔名沫若，四川省乐山客家人。著名文学家、剧作家、诗人、历史学家、古文字学家、书法家、学者、社会活动家。郭沫若早年赴日本留学，后接受斯宾诺沙、惠特曼等人思想，决心弃医从文。与成仿吾、郁达夫等组织“创造社”，积极从事新文学运动。1921年发表第一本新诗集《女神》，书中洋溢着强烈的浪漫主义气息，《女神》是中国新诗的奠基之作，郭沫若也因而成为中国新诗的重要奠基人之一；同年又与郁达夫等人一同创立上海文学学社“创造社”，是新文化运动的重要旗手。

二十　南曲

蔡其矫

洞箫的清音是风在竹叶间悲鸣，
琵琶断续的弹奏
是孤雁的哀啼，在流水上
引起阵阵的颤栗。
而歌唱者悠长缓慢的歌声，
正诉说着无穷的相思和怨恨。
我仿佛听见了古代闽越谪罪人的疾苦
和蛮荒土地上垦殖者的艰辛，
看见了到处是接云的高山，
峻险的道路，
孤舟在风浪中覆没，
妇女在深夜中独坐，
生者长别，死者无消息，
一次又一次的战争，一次又一次的流血……
故乡呀，你把过去的痛苦遗留在歌中，
让生活在光明中的我们永不忘记。

蔡其矫（1918—2007），诗人。1940 年至 1942 年任华北联合大学文学系教员，1945 年任晋察冀军区司令部作战处军事报导参谋，1959 年任福建作家协会专业作家、副主席、名誉主席、顾问。1956 年至 1957 年间发表了许多诗作，分别收集在《回声集》与《回声续集》（均于 1956 年由作家出版社出版）、《涛声集》（1957 年，上海新文艺出版社出版）三个诗集里。

二十一　雨后

陈敬容

雨后的黄昏的天空，
静穆如祈祷女肩上的披巾；
树叶的碧意是一个流动的海，
烦热的躯体在那儿沐浴。

我们避雨到槐树底下，
坐着看雨后的云霞，
看黄昏退落，看黑夜行进，
看林梢闪出第一颗星星。

有什么在时间里沉睡，
带着假想的悲哀？
从岁月里常常有什么飞去，
又有什么悄悄地飞来？

我们手握着手、心靠着心，
溪水默默地向我们倾听；
当一只青蛙在草丛间跳跃，
我仿佛看见大地在眨着眼睛。

陈敬容（1917—1989），女，汉族，作家，原籍四川乐山；代表作品《窗》。

二十二　诀绝

孙大雨

天地竟然老朽得这么不堪！
我怕世界就要吐出他最后
一口气息。无怪老天要破旧，
唉，白云收尽了向来的灿烂，
太阳暗得像死尸的白眼一般，
肥圆的山岭变幻得像一列焦瘤，
没有了林木和林中啼缘的猿猴，
也不再有山泉对着好鸟清谈。

大风抱着几根石骨在摩挲，
海潮披散了满头满背的白发，
悄悄退到沙滩下独自叹息
去了：就此结束了她千古的喧哗，
就此也开始天地和万有的永劫。
为的都是她向我道了一声诀绝！

孙大雨，中国著名文学翻译家、莎士比亚研究专家、著名右派。曾先后在美国达德穆文学院和耶鲁大学研究院学习英国文学，回国后历任武汉大学、北京师范大学、北京大学、浙江大学、暨南大学外文系教授，中央政治学校英语教授兼主任。1920年开始发表作品。1955年加入中国作家协会。他先后翻译了莎士比亚的八部著作，并完成了《屈原诗英译》、《古诗文英译集》、《英诗选译集》等译著。著有诗集《自己的写照》、《精神与爱的女神》等。

二十三　江南

徐迟

火车在雨下飞奔，
车窗上都是水珠，
模糊了窗外景色。

火车车窗是最好的画框，
如果里面是春雨江南，
那就是世界上最好的画。

清明之后，谷雨之前，
江南田野上的油菜花，
一直伸展到天边。
只有小桥、河流切断它，
只有麦田和紫云英变换它，
油菜花伸展到下一站，下一站。

透过最好的画框，
江南旋转着身子，
让我们从后影看到前身。

徐迟（1914—1996），现代散文学家、诗人、翻译家，浙江南浔人，生于一个教师家庭。曾就读于苏州东吴大学文学院。1931 年开始写诗，1934 年开始发表诗作《寄》、《沉重的BUS》、《诗拔萃》等，后结集为《二十岁人》。1936 年起陆续发表散文《歌剧院及其它》、《贝多芬之恋》、《理想树》等，后收入《美文集》、《狂欢之夜》。徐迟早期创作受欧美现代派影响，特别是他的诗作，追求意象的蕴蓄、节奏的跳跃，有些作品较为难懂；散文创作则因受美国作家海明威的影响，稍趋明朗，叙写细腻。

二十四　我是一个任性的孩子

顾城

也许
我是被幻想妈妈宠坏的孩子
我任性

我希望
每一个时刻
都象彩色蜡笔那样美丽

我希望
能在心爱的白纸上画画
画出笨拙的自由
画下一只永远不会
流泪的眼睛

一片天空
一片属于天空的羽毛和树叶
一个淡绿的夜晚和苹果

我想画下早晨
画下露水
所能看见的微笑

画下所有最年轻的
没有痛苦的爱情

她没有见过阴云
她的眼睛是晴空的颜色
她永远看着我
永远，看着
绝不会忽然掉过头去

我想画下遥远的风景
画下清晰的地平线和水波
画下许许多多快乐的小河
画下丘陵——
长满淡淡的茸毛
我让他们挨的很近
让它们相爱
让每一个默许
每一阵静静的春天的激动
都成为一朵小花的生日

我还想画下未来
我没见过她，也不可能
但知道她很美
我画下她秋天的风衣

画下那些燃烧的烛火和枫叶
画下许多因为爱她
而熄灭的心
画下婚礼
画下一个个早上醒来的节日——
上面贴着玻璃糖纸
和北方童话的插图

我是一个任性的孩子
我想涂去一切不幸
我想在大地上
画满窗子
让所有习惯黑暗的眼睛
都习惯光明

我想画下风
画下一架比一架更高大的山岭
画下东方民族的渴望
画下大海——
无边无际愉快的声音

最后，在纸角上
我还想画下自己
画下一只树熊

他坐在维多利亚深色的丛林里
坐在安安静静的树枝上
发愣
他没有家
没有一颗留在远处的心
他只有，许许多多
浆果一样的梦
和很大很大的眼睛

我在希望
在想
但不知为什么
我没有领到蜡笔
没有得到一个彩色的时刻

我只有我
我的手指和创痛
只有撕碎那一张张
心爱的白纸
让它们去寻找蝴蝶
让它们从今天消失

我是一个孩子
一个被幻想妈妈宠坏的孩子
我任性

二十五　一代人

顾城

黑夜给了我黑色的眼睛
我却用它寻找光明

二十六　弧线

顾城

鸟儿在疾风中
迅速转向
少年去捡拾
一枚分币
葡萄藤因幻想
而延伸的触丝
海浪因退缩
而耸起的背脊

二十七　远和近

顾城

你，
一会看我，
一会看云。

我觉得，
你看我时很远，
你看云时很近。

顾城，1956年生，朦胧诗主要代表人物，被称为当代的唯灵浪漫主义诗人，早期的诗歌有孩子般的纯稚风格、梦幻情绪，用直觉和印象式的语句来咏唱童话般的少年生活。其《一代人》成为中国新诗的经典名句。后期隐居激流岛，1993年10月8日在其新西兰寓所因婚变杀死妻子谢烨后自杀。留下大量诗、文、书法、绘画等作品。作品译成英、法、德、西班牙、瑞典等十多种文字。

二十八　面朝大海 春暖花开

海子

从明天起，做一个幸福的人
喂马、劈柴，周游世界
从明天起，关心粮食和蔬菜
我有一所房子，面朝大海，春暖花开
从明天起，和每一个亲人通信
告诉他们我的幸福
那幸福的闪电告诉我的
我将告诉每一个人
给每一条河每一座山取一个温暖的名字
陌生人，我也为你祝福
愿你有一个灿烂的前程
愿你有情人终成眷属
愿你在尘世获得幸福
我只愿面朝大海，春暖花开

二十九　日记

海子

姐姐，今夜我在德令哈，夜色笼罩
姐姐，今夜我只有戈壁

草原尽头我两手空空
悲痛时握不住一颗泪滴
姐姐，今夜我在德令哈
这是雨水中一座荒凉的城

除了那些路过的和居住的
德令哈……今夜
这是惟一的，最后的，抒情
这是惟一的，最后的，草原

我把石头还给石头
让胜利的胜利
今夜青稞只属于她自己
一切都在生长
今夜我只有美丽的戈壁空空
姐姐，今夜我不关心人类，我只想你

海子，原名查海生，1964年生，在农村长大。1979年15岁时考入北京大学法律系，大学期间开始诗歌创作。1983年自北大毕业后分配至北京中国政法大学哲学教研室工作。1989年3月26日在山海关卧轨自杀，年仅25岁。在诗人短暂的生命里，保持了一颗圣洁的心。他曾长期不被世人理解，但他是中国20世纪70年代新文学史中一位全力冲击文学与生命极限的诗人。海子1982年开始诗歌创作，当时即被称为“北大三诗人”之一。1984年创作成名作《亚洲铜》和《阿尔的太阳》，第一次使用“海子”作为笔名。从1982年至1989年不到七年的时间里，海子用超乎寻常的热情和勤奋，才华横溢地创作了近200万字的作品，结集出版了《土地》、《海子、骆一禾作品集》、《海子的诗》、《海子诗全编》等。

三十　麦地——致乡土中国

骆一禾

我们来到这座雪后的村庄
麦子抽穗的村庄
冰冻的雪水滤下小麦一样的身子
在拂晓里　她说
不久，我还真是一个农民的女儿呢
那些麦穗的好日子
这时候正轻轻地碰撞我们——
麦地有神，麦地有神
就象我们盛开花朵
麦地在山丘下一望无际
我们在山丘上穿起裸麦的衣裳
迎着地球走下斜坡

我们如此贴近麦地
那一天蛇在天堂里颤抖
在震怒中冰凉无言　享有智谋
是麦地让泪水汇入泥土
尝到生活的滋味
大海边人民的衣服
也是风吹天堂的
麦地的衣服
麦地的滚动
是我们相识的波动
怀孕的颤抖
也就是火苗穿过麦地的颤抖

骆一禾，男，1961年2月6日出生，北京人。小时随父母去河南农村淮河平原接受启蒙教育，1979年9月考入北京大学中国语言文学系。1984年9月毕业，任北京《十月》杂志编辑，主持西南小说、诗歌专栏，得过两次优秀编辑奖。1983年开始发表诗作和诗论，作品散见于《青年诗坛》、《滇池》、《山西文学》（这是对他深有鼓励的三家刊物），及《花城》、《诗刊》、《青年文学》、《上海文学》、《绿风》等。1988年参加《诗刊》举办的青春诗会。1989年5月31日，他死于脑血管大面积出血（脑溢血），年仅28岁。在他死后的第二年，春风文艺出版社出版了他的长诗《世界的血》。

吹吹异域风

一　在窗旁

塞弗尔特（作）　杨乐云（译）

当春天来到的时候，
路旁的小树在春日的照射下发芽开花。
妈妈她静着止水，默不作声
轻轻地转向窗子哭泣。
——你为何哭呢，有什么痛楚难言，
告诉我，什么使你忧伤不安？
——我要告诉你，我要告诉你，
待到树木永不再开花的那一天。
大雪飘飘，一会儿
雪花依恋上了玻璃窗。
窗旁，微弱的亮光，
妈妈静静地坐在那儿编织——眼眶里噙着泪花。
——你为何流泪，有什么不顺心？
——我会告诉你，我会告诉你。
待到永不再下雪的那一天。

塞弗尔特（1901—1986），捷克诗人，1984年以“表现了人的不屈不挠精神和多才多艺的渴求解放的形象”获诺贝尔奖。

二 假如你只剩下六分钱

安东·布蒂吉格（作） 冰心（译）

朋友，
如果你口袋里只剩下六分钱，
就用三分钱给你自己买一块面包；
用其余的钱买一把芬芳的
会使你充满新的希望的
水仙花。

安东·布蒂吉格，马耳他共和国总统，诗人。当你的生活陷入危机，当你的情绪面临绝境，就像一个穷人，口袋里只剩下几个可怜的硬币。这时候，你依然要活着，活着并且怀抱希望。面包会有的，水仙花会有的，如果你挺过来，你就经历这样一种美妙的人生境界——“行到水穷处，坐看云起时”。

三　故乡吟

荷尔德林（作）　石厉（译）

船夫快活的回到平静的内河，
他从遥远的海上归来，如果他有收获。
我也会这样回到故乡，要是我
收获的财产多如痛苦。
你们，哺育过我的可敬的两岸啊，
能否答应解除我爱的烦恼？
你们，我孩提时玩耍过的树林，要是我
回来，能否答应再给我宁静？
在清凉的小溪边，我看过水波激荡，
在大河之旁，我望着船儿驶航，
我就要重返旧地！你们，守护过我的
亲爱的山峰，还有故乡的
令人起敬的安全的疆界。母亲的屋子
乃至兄弟姐妹们亲爱的拥抱，
我就要向你们致候，你们的拥抱

像是绷带，会治愈我的心病。
你们旧情如故。但我知道，我知道
爱的烦恼不会那么快痊愈，
世人所唱的抚慰人的摇篮曲
没有一首唱出我内心的痛苦。
因为诸神赐给我们天国的火种，
也赐给我们神圣的痛苦，
因而就让它存在吧。我仿佛是
大地的一个孩子，生来有爱，也有痛苦。

荷尔德林（1770—1843），德国诗人。代表作有《自由颂》、《人类颂》、《为祖国而死》、《日落》、《梅农为狄奥提玛而哀叹》、《漫游者》、《返回家乡》、《爱琴海群岛》以及《给大地母亲》、《莱茵河》、《怀念》等。以“我”的口吻，展开内心的独白，在抒情诗中是最常见的方式。《故乡吟》以第一人称“我”为中心，倾诉了诗人内心的痛苦与对故乡的向往。这虽然是一首独白的情诗，但诗人并没有沉溺于一己情感宣泄，而是将对故乡的热爱与对生命的永恒思考，结合在痛苦的思辨中。

四　白日梦

罗塞蒂（作）　飞白（译）

荫凉的槭树啊枝叶扶疏，
仲夏时节还在萌发新的叶片，
当初知更鸟栖在蔚蓝的背景前，
如今画眉却隐没在绿叶深处，
从浓荫中发出森林之歌的音符，
升向夏天的静寂。新叶还在出现，
但再不象那春芽的嫩尖，
螺旋式地从淡红的芽鞘中绽出。

在梦幻之树四面伸展的荫影中，
梦直到深秋还会萌生，但没一个梦
能象女性的白日梦那样从心灵升华。
看哪！天空的深邃比不上她的眼光，
她梦着，梦着，直到在她忘了的书上
落下了她手中忘了的一朵小花。

罗塞蒂是世界著名的画家，也是出色的诗人。他的题为“白日梦”的画，已经成为世界名画。画中那一个女子名叫莫里斯。罗塞蒂有好多的画都是以她为原型的。她在树丛中坐着，一手抓着树，一手拿着花。一本打开的书在膝盖上，她拿花的手慵懒地放在了书上。她的眼睛望着别处。那一种忧伤是永恒的忧伤。

五　石榴

瓦雷里（作）　卞之琳（译）

坚硬而绽开的石榴，
经不起结籽太多，
我想见丰硕的成果，
爆开了权威的额头！

开裂的石榴啊，阳光
灼烤就你们的傲骨，
使出苦练的功夫
打通了珠宝的隔墙。

干皮层灼灼的赤金，
和一种力量相应，
迸发出红玉的香蓼。

这一首辉煌的裂口，
是我的旧梦萦绕，
内心的隐秘结构。

保尔·瓦雷里（1871—1945），法国象征派大师，法兰西学院院士。他的诗耽于哲理，倾向于内心真实，追求形式的完美。作品有《旧诗稿》、《年轻的命运女神》、《幻美集》等。他的诗往往以象征的意境表达生与死、灵与肉、永恒与变幻等哲理性主题，被誉为“20世纪法国最伟大的诗人”。

六　牧童

海涅（作）　钱春绮（译）

牧童是个国王
青山是他的宝殿；
他头上的太阳，
是巨大的金冕。

他的脚边躺着绵羊，
那些陪着红十字的佞臣；
小牛是它的武士，
跑来跑去，威风凛凛。

小山羊是他的宫廷小丑，
摇着铃儿的母牛，
吹着笛子的小鸟，
是他的宫中俳优。

乐声和歌声十分动人，
还有枞树和瀑布的鸣声，
沙沙淙淙，杂然并陈，
使国王睡意沉沉。

他的那位忠犬大臣，
这时只得代理朝政，
它那狺狺的吠声，
从四方传来了回声。

年轻的国王说着呓语；
“为政真是十分棘手；
唉，我可情愿回家
去陪伴我的皇后！”

“把我的天颜软绵绵地
靠在皇后的怀里休息，
在她那美丽的眼中
我有辽阔的王国。”

海因里希·海涅（1797—1856），德国著名抒情诗人。著有《青春的苦恼》、《抒情插曲》、《还乡集》、《北海集》等组诗。

七　纸船

泰戈尔（作）　郑振铎（译）

我每天把纸船一个个放在急流的溪中。

我用大黑字写我的名字和我住的村名在纸船上。

我希望住在异地的人会得到这纸船，知道我是谁。

我把园中长的秀利花载在我的小船上，

希望这些黎明开的花能在夜里被平平安安地带到岸上。

我投我的纸船到水里，仰望天空，看见小朵的云正张着满鼓着风的白帆。

我不知道天上有我的什么游伴把这些船放下来同我的船比赛！

夜来了，我的脸埋在手臂里，梦见我的纸船在子夜的星光下缓缓地浮泛前去。

睡仙坐在船里，带着满载着梦的篮子。

八　云与波

泰戈尔（作）　郑振铎（译）

妈妈，住在云端的人对我唤道——
“我们从醒的时候游戏到白日终止。
我们与黄金色的曙光游戏，
我们与银白色的月亮游戏。”
我问道：“但是，我怎么能够上你哪里去呢？”
他们答道：“你到地球的边上来，
举手向天，就可以被接到云端里来了。”
“我妈妈在家里等我呢，”
我说，“我怎么能离开她而来呢？”
于是他微笑着浮游而去。
但是我知道一件比这个更好的游戏，
妈妈，我做云，你做月亮。

我用两只手遮盖你，
我们的屋顶就是青碧的天空。

妈妈，住在波浪上的人对我唤道——
“我们从早晨唱歌到晚上，
我们前进又前进地旅行，

也不知我们所经过的是什么地方。”

我问道："但是，我怎么能加入你们队伍里去呢？"

他们告诉我说："来到岸旁，站在那里，
紧闭你的两眼，你就被带到波浪上来了。"
我说："傍晚的时候，我妈妈常要我在家里
——我怎么能离开她而去呢！"
于是他们微笑着，跳舞着奔流过去。
但是我知道一件比这个更好的游戏。
我是波浪，你是陌生的岸。

我奔流而进，进，进，
笑哈哈地撞碎在你的膝上。

世界上就没有一个人会知道我们俩在什么地方。

泰戈尔（1861—1941），印度诗人，作家，艺术家，社会活动家。他是向西方介绍印度文化和把西方文化介绍到印度的很有影响的人物。1913年，他因英文版《吉檀迦利》荣获诺贝尔文学奖，从此闻名世界文坛。加尔各答大学授予他博士学位。英国政府封他为爵士。第一次世界大战爆发后，他先后10余次远涉重洋，访问几十个国家和地区，传播和平友谊，从事文化交流。

九　假如生活欺骗了你

普希金（作）　戈宝权（译）

假如生活欺骗了你
不要悲伤　不要心急
忧郁的日子里须要镇静
相信吧　快乐的日子将会来临
心儿永远向往着未来
现在却常是忧郁
一切都是瞬息
一切都将会过去
而那过去了的
就会成为亲切的回忆

亚历山大·谢尔盖耶维奇·普希金（1799—1837），是俄国著名的文学家、伟大的诗人、小说家，及现代俄国文学的创始人。19 世纪俄国浪漫主义文学主要代表，同时也是现实主义文学的奠基人，现代标准俄语的创始人，被誉为“俄国文学之父”、“俄国诗歌的太阳”（高尔基）。

十 帆

莱蒙托夫（作） 余振（译）

在那大海上淡蓝色的云雾里，
有一片孤帆儿在闪耀着白光！
它寻求着什么，在遥远的异地？
它抛下什么，在可爱的故乡？

波涛在汹涌——海风在呼啸，
桅杆在弓起了腰轧轧地作响
唉，它不是在寻求什么幸福，
也不是逃避幸福而奔向他方！

下面是比蓝天还清澄的碧波，
上面是金黄色的灿烂的阳光
而它，不安的，在祈求风暴，
仿佛是在风暴中才有着安详！

米哈依尔·尤利耶维奇·莱蒙托夫（1814—1841），俄国诗人。出身贵族，自幼性格忧郁、孤僻。1837年2月普希金遇难，莱蒙托夫写了《诗人之死》一诗，愤怒指出杀害普希金的凶手就是俄国上流社会。1840年长篇小说《当代英雄》问世，作品成功地塑造了继奥涅金之后又一个“多余人”形象——毕巧林。1841年2月回彼得堡休假，完成著名长诗《恶魔》。一些仇恨诗人的彼得堡贵族唆使青年军官马尔蒂诺夫与莱蒙托夫决斗，结果诗人饮弹身亡，年仅27岁。莱蒙托夫的艺术天才没有得以充分发挥，正如高尔基所说：“莱蒙托夫是一曲未唱完的歌。”尽管如此，他仍然给我们留下了许多珍贵的诗篇。

十一　我愿意是急流

裴多菲（作）　孙用（译）

我愿意是急流，
山里的小河，
在崎岖的路上、
石上经过……
只要我的爱人
是一条小鱼，
在我的浪花中
快乐地游来游去。

我愿意是荒林，
在河流的两岸，
对一阵阵的狂风，
勇敢地作战……
只要我的爱人
是一只小鸟，
在我稠密的
树枝间做巢，鸣叫。

我愿意是废墟，
在峻峭的山岩上，
这静默的毁灭
并不使我懊丧……
只要我的爱人
是青春的常春藤，
沿着我荒凉的额，
亲密地攀援上升。

我愿意是草屋，
在深深的山谷底，
草屋的顶上
饱受风雨的打击…
只要我的爱人
是可爱的火焰，
在我的炉子里，
愉快地缓缓闪现。

我愿意是云朵，
是灰色的破旗，
在广漠的空中，
懒懒地飘来荡去，

只要我的爱人
是珊瑚似的夕阳，
傍着我苍白的脸，
显出鲜艳的辉煌。

裴多菲是匈牙利19世纪的伟大诗人和革命者。他的名句“生命诚可贵，爱情价更高，若为自由故，二者皆可抛”在中国家喻户晓。他用诗歌的形式描写当代人民的斗争。他曾说：“在匈牙利人民中间，我的歌是为了争取自由而斗争的第一课。”

十二　咏水仙

华兹华斯（作）　顾子欣（译）

我好似一朵孤独的流云，
高高地飘游在山谷之上。
突然我看到一大片鲜花，
是金色的水仙遍地开放。
它们开在湖畔，开在树下，
它们随风嬉舞，随风飘荡。
它们密集如银河的星星，
像群星在闪烁一片晶莹；
它们沿着海湾向前伸展，
通往远方仿佛无穷无尽；
一眼看去就有千朵万朵，
万花摇首舞得多么高兴。
粼粼湖波也在近旁欢跳，
却不如这水仙舞得轻俏；
诗人遇见这快乐的旅伴，
又怎能不感到欢欣雀跃！
我久久凝视——却未领悟
这景象所给我的精神至宝。
后来多少次我郁郁独卧，
感到百无聊赖心灵空漠；

这景象便在脑海中闪现，
多少次安慰过我的寂寞；
我的心又随水仙跳起舞来，
我的心又重新充满了欢乐。

华兹华斯（1770—1850）是英国浪漫派诗人。他生于律师家庭，曾就读于剑桥大学圣约翰学院，毕业后到欧洲旅行，在法国亲身领略大革命的风暴。华兹华斯的诗歌描写湖光山色和田园生活，歌咏大自然的美，是“湖畔派”诗人的主要代表。他的诗风格淳朴，清新自然，故享有“自然诗人”的美称。重要作品有长诗《序曲》、《远游》，诗歌《露西》、《咏水仙》、《丁登寺》和《不朽的征兆》等。后思想渐趋保守，晚年被封为“桂冠诗人”。

十三　西风颂

雪莱（作）　查良铮（译）

（一）

哦，狂暴的西风，秋之生命的呼吸！
你无形，但枯死的落叶被你横扫，
有如鬼魅碰到了巫师，纷纷逃避：
黄的，黑的，灰的，红的像患肺痨，
呵，重染疫疠的一群：西风呵，是你
以车驾把有翼的种子催送到
黑暗的冬床上，它们就躺在那里，
像是墓中的死穴，冰冷，深藏，低贱，
直等到春天，你碧空的姊妹吹起
她的喇叭，在沉睡的大地上响遍，
（唤出嫩芽，像羊群一样，觅食空中）
将色和香充满了山峰和平原。
不羁的精灵呵，你无处不远行；
破坏者兼保护者：听吧，你且聆听！

许多对人生持乐观态度的中国人，在身处逆境的时候都会引用一段著名诗句以自勉："冬天来了，春天还会远吗？"就是出自英国诗人雪莱的《西风颂》。雪莱（1792—1822），英国19世纪伟大的浪漫主义诗人，也是最真实意义上的伟大诗人：对人类满怀热爱，为理想勇于献身；实现他明确宣告的"解放全人类"这一奋斗目标。翻译过许多西方诗歌其中也包括雪莱抒情诗的查良铮先生曾经说过："'西风颂'可以说是这类诗歌的登峰造极之作，它将永远是世界诗歌宝库中的一颗明珠。"大概由于这个原因吧，《西风颂》成了各种英语诗选的必选之作。

十四 横越大海

丁尼生（作） 袁可嘉（译）

夕阳西下，金星高照
好一声清脆的召唤！
但愿海洋不呜呜咽咽，
我将越大海而远行；
流动的海水仿佛睡了，
再没有涛声和浪花！
海水从无底的深渊涌来，
却又转回了老家；

黄昏的光芒，晚祷的钟声，
随后是一片漆黑！
但愿没有道别的悲哀，
在我上船的时刻；

虽说洪水会把我带走，
远离时空的范围！
我盼望见到我的舵手，
当我横越了大海。

这是一首感人至深的缅怀战友的心灵弹唱。阿尔弗雷德·丁尼生是英国维多利亚时代最受欢迎及最具特色的诗人。他的诗歌准确地反映了他那个时代占主导地位的看法及兴趣，这是任何时代的英国诗人都无法比拟的。代表作品为组诗《悼念》。

十五　当你老了

叶芝（作）　袁可嘉（译）

当你老了，头白了，睡意昏沉，
炉火旁打盹，请取下这部诗歌，
慢慢读，回想你过去眼神的柔和，
回想它们昔日浓重的阴影；

多少人爱你青春欢畅的时辰，
爱慕你的美丽，假意或真心，
只有一个人爱你那朝圣者的灵魂，
爱你衰老了的脸上痛苦的皱纹；

垂下头来，在红光闪耀的炉子旁，
凄然地轻轻诉说那爱情的消逝，
在头顶的山上它缓缓踱着步子，
在一群星星中间隐藏着脸庞。

威廉·巴特勒·叶芝（William Butler Yeats，1865—1939），亦译“叶慈”、“耶茨”，爱尔兰诗人、剧作家，著名的神秘主义者，是“爱尔兰文艺复兴运动”的领袖，也是艾比剧院（Abbey Theatre）的创建者之一，被诗人艾略特誉为“当代最伟大的诗人”。叶芝对戏剧也有浓厚的兴趣，先后写过26部剧本。1889年1月30日，23岁的叶芝第一次遇见了美丽的女演员茅德·冈，叶芝对于茅德·冈爱恋一生却没能得到她的爱。爱情无望的痛苦和不幸，促使叶芝写下很多诗歌，在数十年的时光里，从各种各样的角度，茅德·冈不断激发叶芝的创作灵感；有时是激情的爱恋，有时是绝望的怨恨，更多的时候是爱和恨之间复杂的张力。《当你老了》、《他希望得到天堂中的锦绣》、《白鸟》、《和解》、《反对无价值的称赞》……都是叶芝为茅德·冈写下的名篇。

十六　青春

阿莱桑德雷（作）　祝融（译）

你轻柔地来而复去，
从一条路，
到另一条路。你出现，
而后又不见。
从一座桥到另一座桥。
——脚步短促，
欢乐的光辉已经黯淡。
青年也许是我，
正望着河水逝去，
在如镜的水面，你的行踪

维森特·阿莱桑德雷（1898—?），当代西班牙著名诗人，1977年诺贝尔文学奖获得者。他年轻时就身患重病。坚持在病榻上写作。1928年出版第一部诗集，1935年以《毁灭或爱情》获西班牙国家文学奖，1950年当选为西班牙皇家学院院士。主要作品还有《如唇之剑》、《天堂的影子》、《孤独的世界》、《在一个辽阔的领域里》、《终极的诗》等。他的诗将超现实主义和新浪漫主义融为一体，其抒情风格对年青一代的西班牙诗人产生了巨大影响，在世界上也享有很高声誉。

十七　美好的一天

米沃什（作）　薛非（译）

多美好的一天呵！
花园里干活儿，晨雾已消散，
蜂鸟飞上忍冬的花瓣。
世界上没有任何东西我想占为己有，
也没有任何人值得我深深抱怨；
那身受的种种不幸我早已忘却，
依然故我的思想也不使我难堪，
不再考虑身上的创痛，
我挺起身来，前面是蓝色的大海，点点白帆。
因此是你的命运挥动你的魔杖，
唤醒暴风雨，冲过暴风雨的中心，
暴露纪念碑像灌木丛中的巢，
虽然你曾想要的只是摘一些玫瑰。

切斯拉夫·米沃什（1911—2004），波兰当代最伟大的诗人和翻译家。主要作品有诗集《冰封的日子》、《三个季节》、《冬日钟声》、《白昼之光》、《日出日落之处》；日记《猎人的一年》；论著《被奴役的心灵》；小说《夺权》等。1980年作品《拆散的笔记簿》获诺贝尔文学奖。

十八 哦，船长，我的船长

惠特曼（作） 江枫（译）

哦，船长，我的船长！我们险恶的航程已经告终，

我们的船安渡过惊涛骇浪，我们寻求的奖赏已赢得手中。

港口已经不远，钟声我已听见，万千人众在欢呼呐喊，

目迎着我们的船从容返航，我们的船威严而且勇敢。

可是，心啊！心啊！心啊！

哦，殷红的血滴流泻，

在甲板上，那里躺着我的船长，

他已倒下，已死去，已冷却。

哦，船长，我的船长！起来吧，请听听这钟声，

起来，——旌旗，为你招展——号角，为你长鸣。

为你，岸上挤满了人群——为你，无数花束、彩带、花环。

为你，熙攘的群众在呼唤，转动着多少殷切的脸。

这里，船长！亲爱的父亲！
你头颅下边是我的手臂！
这是甲板上的一场梦啊，
你已倒下，已死去，已冷却。

我们的船长不作回答，他的双唇惨白、寂静，
我的父亲不能感觉我的手臂，他已没有脉搏、没有生命，
我们的船已安全抛锚碇泊，航行已完成，已告终，
胜利的船从险恶的旅途归来，我们寻求的已赢得手中。
欢呼，哦，海岸！轰鸣，哦，洪钟！
可是，我却轻移悲伤的步履，
在甲板上，那里躺着我的船长，
他已倒下，已死去，已冷却。

瓦尔特·惠特曼（1819—1892）是美国历史上最伟大的诗人，他创作的《草叶集》代表着美国浪漫主义文学的高峰，是世界文学宝库中的精品。《草叶集》反映了美国在内战前后从农业经济发展到一个工业大国的进程，用一个新的乐观的声音歌颂一个新民族的崛起。《哦，船长，我的船长！》写于1865年，是惠特曼为悼念林肯总统而作。全诗构思精巧，组织严密，语言深沉，字里行间饱含着真挚的情感，表达了诗人对林肯的敬仰与怀念之情。

十九　雨

博尔赫斯（作）　陈光孚（译）

黄昏突然明亮，
只因下起细雨，
刚刚落下抑或早已开始，
下雨，这无疑是回忆过去的机遇。

倾听雨声籁籁，
忆起那幸运的时刻，
一种称之为玫瑰的花儿，
向你显示红中最奇妙的色彩。

这场雨把玻璃窗蒙得昏昏暗暗，
使万物失去了边际，
蔓上的黑色葡萄也若明若暗。
庭院消失了，
鱼涟涟的黄昏给我带来最渴望的声音，
我的父亲没有死，他回来了，是他的声音。

豪尔赫·路易斯·博尔赫斯（1899—1986），阿根廷作家。作品涵盖多个文学范畴，包括短文、随笔小品、诗、文学评论、翻译文学。其中以拉丁文隽永的文字和深刻的哲理见长。

二十　喀秋莎

伊萨科夫斯基（作）　苏寒柏（译）

正当梨花开遍了天涯，
河上飘着柔漫的轻纱！
喀秋莎站在峻峭的岸上，
歌声好像明媚的春光。

姑娘唱着美妙的歌曲，
她在歌唱草原的雄鹰；
她在歌唱心爱的人儿，
姑娘把他的来信深深珍藏。

啊！这歌声，姑娘的歌声，
跟着光明的太阳飞去吧！
去向远方边疆的战士，
把喀秋莎的问候传达。

驻守边疆的年轻战士，
心中怀念遥远的姑娘；
勇敢战斗保卫祖国，
喀秋莎爱情永远属于他。

正当梨花开遍了天涯，
河上飘着柔曼的轻纱；
喀秋莎站在峻峭的岸上，
歌声好像明媚的春光。

伊萨科夫斯基（1900—1973），苏联卫国战争时期，伊萨科夫斯基许多脍炙人口的诗篇被作曲家谱成歌曲，唱遍前线和后方。1943年和1949年，伊萨科夫斯基因《喀秋莎》、《有谁知道他》、《诗与歌》等作品，两次荣获斯大林奖金。

喀秋莎本是俄罗斯女孩一个常见名字的爱称。在卫国战争期间，苏联红军战士用这个名字亲昵地称呼威力强劲的火炮。《莫斯科共青团员报》曾报道说，喀秋莎火箭炮是战前开始研制，第一次接受战斗洗礼在1941年。这种以8根槽钢为导轨、安装在汽车上的火箭炮神出鬼没，威震敌胆。除《喀秋莎》外，伊萨科夫斯基为电影所写的插曲《红莓花儿开》也一直深受中国人民喜爱。中国著名俄罗斯文学翻译家高莽在自己的著作《墓碑天堂》里这样评价伊萨科夫斯基："他的诗富有民歌味，音乐感，朴实中饱含着丰厚的内容与感情。"

二十一　乌鸦

兰波（作）　钱春绮（译）

主啊，当草原寒气袭人，
在萎靡的小村庄里，
在凋零的大自然里，
让乌鸦从太空里飞下，
那些可爱的奇妙的乌鸦。

叫声凄厉的奇怪的队伍，
冷风吹袭你们的窠[1]！
你们沿着黄色的河，
沿着旧十字架的道路，
在沟渠上面，在洼地上空，
你们飞散着，请再来集中！

在那些前日的死者
长眠的法国原野上面
成群盘旋吧，可好？在冬天，
为了唤起行人的感慨，
请尽你们的义务喊叫，
哦，我们的凄沉的鸟！

可是，诸圣啊，让五月之莺
在那沉没于良宵的桅杆，
在那橡树的高枝上面，
为林中的羁客长鸣，
他们在草中无法离开，
那些没有前途的失败者！

兰波（1854—1891），19世纪法国象征主义诗人。诗人15时岁就写下了名诗《元音》、《醉舟》。诗人在其短短的六年创作生涯中，仅留下70余首诗和40多首散文诗，但影响很大。1891年，诗人身患癌症离开人世，年仅37岁。

这首诗写于普法战争（1870年）之后，诗人借着战争的失利和生命的死亡来讲述自己心中的生活感受。诗人在生命的重重阴影中叹息、悲哀，带着难以言状的沉沦和失望。世界也是这样：那草原、村庄，还有那群乌鸦，都面临着这样的困境。诗人借着这凄厉的鸣叫要唤醒人类心中埋藏的激情和美好理想。这是诗人的寄托吗？诗人该是那羁留在丛林中的天涯倦客，该是生活的失败者——也许是英雄穷途。

①窠（kē）：窝巢。

二十二　致海伦

爱伦·坡（作）　怀宇、章蕴（译）

你的美貌对于我，
就像古老的尼色安帆船，
它载着风尘仆仆疲惫的流浪汉，
悠悠荡漾在芳馨的海上，
驶向故乡的海岸。

你那紫蓝色的头发，古典的脸，
久久浮现在汹涌的海面，
你的仙女般的风姿，
把我引入昨日希腊的荣耀，
和往昔罗马的庄严。

嗨！我瞧你伫立在壁龛[①]里，
英姿焕发，亭亭玉立，
手握一盏玛瑙灯。
啊，普赛克，
你从天国来。

埃德加·爱伦·坡（1809—1849），19世纪美国诗人、小说家和文学评论家。作品语言和形式精致、优美，内容多样。侦探小说鼻祖、科幻小说先驱之一、恐怖小说大师、短篇哥特小说巅峰、象征主义先驱之一，唯美主义者。受到过爱伦·坡影响的主要人物有：柯南·道尔、波德莱尔、斯特芳·马拉美、儒勒·凡尔纳、罗伯特·路易斯·斯蒂文森、希区柯克、蒂姆·伯顿、江户川乱步等。他在《怪异故事集》序中称“自己的作品绝大部分都是深思熟虑的苦心经营”。他与安布鲁斯·布尔斯（1842—1914）和H.P·洛夫克拉夫特（1890—1937）并称为美国三大恐怖小说家。

①壁龛（kān）：墙上用来储藏东西的空间。

二十三　你的长夏永远不会凋谢

莎士比亚（作）　梁宗岱（译）

我怎能够把你来比拟作夏天？
你不独比他可爱也比他温婉；
狂风把五月宠爱的嫩蕊作践，
夏天出赁的期限又未免太短；
天上的眼睛有时照得太酷烈，
他那炳耀的金颜又常遭掩蔽；
给机缘或无偿的天道所摧残，
没有芳颜不终于凋残或销毁。
但你的长夏将永远不会凋落，
也不会损失你这皎洁的红芳；
或死神夸口你在他影里漂泊，
当你在不朽的诗里与时同长。
只要一天有人类，或人有眼睛，
这诗将长在，并且赐给你生命。

莎士比亚（1564—1616），英国著名戏剧家和诗人。本·琼斯称他为“时代的灵魂”，也是欧洲文艺复兴时期人文主义文学的集大成者。他共写有37部戏剧，154首14行诗，两首长诗和其他诗歌。喜剧如《仲夏夜之梦》（1596）、《第十二夜》（1600）、《皆大欢喜》（1600）等，悲剧《罗密欧与朱丽叶》（1595）、《奥赛罗》（1604）、《李尔王》（1606）、《麦克白》（1606），代表作《哈姆雷特》（1601）。

二十四 恬静的生活

亚历山大·蒲伯

这样的人真快活，他的关怀与希望
只限于祖传的几亩薄田
他乐于在自己的土地上
嗅着大气的芳香。

有自家的牛供奶，有自己的地产粮，
有羊群供给他衣裳；
夏日有树木遮荫，
冬天有火炉取暖。

做一个有福人，无忧无虑地
度过一日又一年的时光，
精神宁静，身体健康，

白天过得安详，
夜晚睡得香；学习同休息
结合在一起；甜蜜的娱乐，
讨人喜爱的质朴和天真，
伴着沉思默想。

让我这样生活，与世两忘，
等我死时不用人哭泣，
悄悄辞别人间，不需一块墓碑
述说我在哪里安眠。

亚历山大·蒲伯（1688—1744），出生于政治上受歧视的天主教家庭。自幼患病，健康受到损害，又因受宗教迫害，诗人不能上大学，但博览群书，自学成材。16岁写成《田园诗》立即名扬一时，23岁发表《批评论》受到文坛重视。从此以写诗和翻译古典作品为生，成为英国文学史上第一个职业作家。

二十五　秋之歌

济慈

一

雾气洋溢、果实圆熟的秋，
你和成熟的太阳成为友伴；
你们密谋用累累的珠球，
缀满茅屋檐下的葡萄藤蔓；
使屋前的老树背负着苹果，
让熟味透进果实的心中，
使葫芦胀大，鼓起了榛子壳，
好塞进甜核；又为了蜜蜂
一次一次开放过迟的花朵，
使它们以为日子将永远暖和，
因为夏季早填满它们的粘巢。

二

谁不经常看见你伴着谷仓？
在田野里也可以把你找到，
你有时随意坐在打麦场上，
让发丝随着簸谷的风轻飘；

有时候，为罂粟花香所沉迷，
你倒卧在收割一半的田垄，
让镰刀歇在下一畦的花旁；
或者，像拾穗人越过小溪，
你昂首背着谷袋，投下倒影，
或者就在榨果架下坐几点钟，
你耐心地瞧着徐徐滴下的酒浆。

三

啊，春日的歌哪里去了？
但不要想这些吧，你也有你的音乐
当波状的云把将逝的一天映照，
以胭红抹上残梗散碎的田野，
这时啊，河柳下的一群小飞虫
就同奏哀音，它们忽而飞高，
忽而下落，随着微风的起灭；
篱下的蟋蟀在歌唱，在园中
红胸的知更鸟就群起呼哨；
而群羊在山圈里高声默默咩叫；
丛飞的燕子在天空呢喃不歇。

约翰·济慈（John·Keats，1795—1821），出生于18世纪末年的伦敦，他是杰出的英诗作家之一，才华横溢，与雪莱、拜伦齐名。他年仅25岁，可是他遗下的诗篇一直誉满人间，被认为完美地体现了西方浪漫主义诗歌的特色，并被推崇为欧洲浪漫主义运动的杰出代表。《圣艾格尼丝之夜》、《秋颂》、《夜莺颂》、《拉弥亚》和《致秋天》等名作，表现出诗人对大自然的强烈感受和热爱，赢得巨大声誉。

二十六 诗人走在田野上

雨果

诗人走到田野上；他欣赏，
他赞美，他在倾听内心的竖琴声。
看见他来了，花朵，各种各样的花朵，
那些使红宝石黯然失色的花朵，
那些甚至胜过孔雀开屏的花朵，
金色的小花，蓝色的小花，
为了欢迎他，都摇晃着她们的花束，
有的微微向他行礼，有的做出娇媚的姿态，
因为这样符合美人的身份，她们
亲昵地说："瞧，我们的情人走过来了！"
而那些生活在树林里的葱茏的大树，
充满着阳光和阴影，嗓子变得沙哑，
所有这些老头，紫杉，菩提树，枫树，
满脸皱纹的柳树，年高德劭的橡树，
长着黑枝杈，披着苔藓的榆树，
就像神学者们见到经典保管者那样，
向他行着大礼，并且一躬到底地垂下
他们长满树叶的头颅和常春藤的胡子，
他们观看着他额上宁静的光辉，
低声窃窃私语："是他！是这个幻想家来了！"

维克多·雨果（1802—1885），法国浪漫主义作家，人道主义的代表人物，19世纪前期积极浪漫主义文学运动的代表作家，法国文学史上卓越的资产阶级民主作家，被人们称为“法兰西的莎士比亚”。

二十七　渡过沙洲

丁尼生

暮色中出现了晚星，
我听到清晰召唤我的声音！
愿我驾舟出海时，
沙洲不要发出哀吟！

动荡的海潮似在沉睡中，
海水涨满却无沫无声，
来自深不见底的大海的潮水啊，
现在又返回家乡了。

黄昏时响起了暮钟，
黑暗即将来临！
愿我起锚出航时，
不要看到离别的泪水。

也许海水会带我离开，
远离我的时空，
但愿我渡过沙洲时，
和我的向导相会有因。

藏尔弗雷德·丁尼生（1809—1892），英国著名“桂冠诗人”。主要诗篇有《公主》、《毛黛》、《国王歌集》等。《渡过沙洲》据说是他漫长一生中的最后一首诗；此诗构思奇巧，比喻绝妙。

二十八　海涛

夸西莫多

多少个夜晚，
我听到大海的轻涛细浪
拍打柔和的海滩，
抒出了一阵阵温情的
软声细语。

好像从消失的岁月里
传来一个亲切的声音，
擦过我的记忆的脑海，
发出袅袅不断的
回音。
仿佛海鸥
悠长低回的啼声；
或许是
鸟儿向平原飞翔，
迎接旖旎的春光
婉转的欢唱。

你
与我——

在那难忘的年月
陪伴这海涛的悄声碎语
曾是何等亲密相爱。

啊，我多么希望
我的怀念的回音，
像这茫茫黑夜里
大海的轻波细浪
飘然来到你的身旁。

萨瓦多尔·夸西莫多（1901—1968）于1901年生于意大利的西西里岛，意大利著名诗人。一生著有许多作品，尤以诗歌著名。主要作品有诗集《水与土》、《消逝的笛音》、《瞬息间是夜晚》和《日复一日》等。1959年，“由于他的抒情诗，以古典的火焰表达了我们这个时代中，生命的悲剧性体验”而获得诺贝尔文学奖。

二十九　序曲

艾略特（作）　赵毅衡（译）

冬夜带着牛排味，
凝固在过道里。
六点钟。
烟腾腾的白天烧剩的烟蒂
而现在阵雨骤然
把萎黄的落叶那污秽的碎片
还有从空地吹来的报纸
裹卷在自己脚边。
阵雨敲击着
破碎的百叶窗和烟囱管，
在街道的转弯
一匹孤独的马冒着热气刨着蹄，
然后路灯一下子亮起。

艾略特（1888—1965），英国现代著名诗人，西方现代派文学思潮的奠基者。出生在美国，祖父是华盛顿大学的创建人，父母都出身在文化层次较高的家庭。1906 年，诗人入哈佛大学学习哲学。1908 年接触到象征主义诗歌，开始了对现代主义诗歌的探索。这首诗选自艾略特的组诗《序曲》，是四首中的第一首，写于 1917 年，是诗人早期的佳作之一，它的写作年代比《荒原》（1920 年）还要早。从这首诗中，我们能看出艾略特思想的发展轨迹。可以说，这首诗是他思想历程的一个见证，展示了“荒原”的一角。

诗歌以几个独特的意象的巧妙组结，表现了一个黄昏时的西方现代城市的影象，一个有典型意义的时刻和场景。在一个清冷的冬夜，城市内飘散着牛排的味道，最后在人们要经过的过道里凝固，久久不散。这样的夜就是资本主义社会的一个缩影，这样的过道就是人类路程的象征。

三十　豹——在巴黎植物园

里尔克（作）　冯至（译）

它的目光被那走不完的铁栏，
缠得这般疲倦，什么也不能收留。
它好像只有千条的铁栏杆，
千条的铁栏后便没有宇宙。

强韧的脚步迈着柔软的步容，
步容在这极小的圈中旋转，
仿佛力之舞围绕着一个中心，
在中心一个伟大的意志昏眩。

只有时眼帘无声地撩起。——
于是有一幅图像浸入，
通过四肢紧张的静寂——
在心中化为乌有。

莱纳·玛利亚·里尔克（1875—1926）是一位重要的德语诗人，除了创作德语诗歌外还撰写小说、剧本以及一些杂文和法语诗歌，其书信集也是里尔克文学作品的一个重要组成部分。对19世纪末的诗歌体裁和风格以及欧洲颓废派文学都有深厚的影响。《豹》是里尔克最为著名的咏物名篇。诗人在植物园见到一头关在铁笼子里的豹，豹敏捷而勇猛的身躯在那个狭小的空间里不停转悠。里尔克一生孤寂、贫困，生活的不幸成就了诗歌的幸运。一个伟大的灵魂面对生活的磨难是隐忍的，面对艺术缪斯的召引，是寂寞的，像圣徒一样虔诚。尽管他无力于抗衡现实之世界，但其高蹈的精神和卓越的艺术成就，使他成为极少可以站在历史时光中的伟大人物之一，并对后来者予以不断的启示和引领。